POLÍTICAS PÚBLICAS E ATIVIDADE FÍSICA NA AMAZÔNIA

UMA INTEGRAÇÃO NECESSÁRIA

Editora Appris Ltda.
1.ª Edição - Copyright© 2025 da autora
Direitos de Edição Reservados à Editora Appris Ltda.

Nenhuma parte desta obra poderá ser utilizada indevidamente, sem estar de acordo com a Lei nº 9.610/98. Se incorreções forem encontradas, serão de exclusiva responsabilidade de seus organizadores. Foi realizado o Depósito Legal na Fundação Biblioteca Nacional, de acordo com as Leis nᵒˢ 10.994, de 14/12/2004, e 12.192, de 14/01/2010.

Catalogação na Fonte
Elaborado por: Dayanne Leal Souza
Bibliotecária CRB 9/2162

B517p
2025
	Bernaldino, Elizângela de Souza
	    Políticas públicas e atividade física na Amazônia: uma integração necessária / Elizângela de Souza Bernaldino. – 1. ed. – Curitiba: Appris, 2025.
	    187 p. : il. ; 23 cm. – (Coleção Ciências Sociais).
	
	    Inclui referências.
	    ISBN 978-65-250-6471-0
	
	    1. Políticas públicas. 2. Educação física. 3. Estudo de caso. I. Bernaldino, Elizângela de Souza. II. Título. III. Série.
	
	CDD – 372.86

Livro de acordo com a normalização técnica da ABNT

Appris *editora*

Editora e Livraria Appris Ltda.
Av. Manoel Ribas, 2265 – Mercês
Curitiba/PR – CEP: 80810-002
Tel. (41) 3156 - 4731
www.editoraappris.com.br

Printed in Brazil
Impresso no Brasil

ELIZÂNGELA DE SOUZA BERNALDINO

POLÍTICAS PÚBLICAS E ATIVIDADE FÍSICA NA AMAZÔNIA

UMA INTEGRAÇÃO NECESSÁRIA

Appris
editora

Curitiba, PR
2025

FICHA TÉCNICA

EDITORIAL	Augusto Coelho Sara C. de Andrade Coelho

COMITÊ EDITORIAL

Ana El Achkar (Universo/RJ)
Andréa Barbosa Gouveia (UFPR)
Antonio Evangelista de Souza Netto (PUC-SP)
Belinda Cunha (UFPB)
Délton Winter de Carvalho (FMP)
Edson da Silva (UFVJM)
Eliete Correia dos Santos (UEPB)
Erineu Foerste (Ufes)
Fabiano Santos (UERJ-IESP)
Francinete Fernandes de Sousa (UEPB)
Francisco Carlos Duarte (PUCPR)
Francisco de Assis (Fiam-Faam-SP-Brasil)
Gláucia Figueiredo (UNIPAMPA/ UDELAR)
Jacques de Lima Ferreira (UNOESC)
Jean Carlos Gonçalves (UFPR)
José Wálter Nunes (UnB)
Junia de Vilhena (PUC-RIO)

Lucas Mesquita (UNILA)
Márcia Gonçalves (Unitau)
Maria Aparecida Barbosa (USP)
Maria Margarida de Andrade (Umack)
Marilda A. Behrens (PUCPR)
Marília Andrade Torales Campos (UFPR)
Marli Caetano
Patrícia L. Torres (PUCPR)
Paula Costa Mosca Macedo (UNIFESP)
Ramon Blanco (UNILA)
Roberta Ecleide Kelly (NEPE)
Roque Ismael da Costa Güllich (UFFS)
Sergio Gomes (UFRJ)
Tiago Gagliano Pinto Alberto (PUCPR)
Toni Reis (UP)
Valdomiro de Oliveira (UFPR)

SUPERVISORA EDITORIAL	Renata C. Lopes
PRODUÇÃO EDITORIAL	Cibele Bastos
REVISÃO	Marcela Muniz Barbosa
DIAGRAMAÇÃO	Bruno Ferreira Nascimento
CAPA	Carlos Pereira
REVISÃO DE PROVA	Bruna Santos

COMITÊ CIENTÍFICO DA COLEÇÃO CIÊNCIAS SOCIAIS

DIREÇÃO CIENTÍFICA Fabiano Santos (UERJ-IESP)

CONSULTORES

Alícia Ferreira Gonçalves (UFPB)
Artur Perrusi (UFPB)
Carlos Xavier de Azevedo Netto (UFPB)
Charles Pessanha (UFRJ)
Flávio Munhoz Sofiati (UFG)
Elisandro Pires Frigo (UFPR-Palotina)
Gabriel Augusto Miranda Setti (UnB)
Helcimara de Souza Telles (UFMG)
Iraneide Soares da Silva (UFC-UFPI)
João Feres Junior (Uerj)

Jordão Horta Nunes (UFG)
José Henrique Artigas de Godoy (UFPB)
Josilene Pinheiro Mariz (UFCG)
Leticia Andrade (UEMS)
Luiz Gonzaga Teixeira (USP)
Marcelo Almeida Peloggio (UFC)
Maurício Novaes Souza (IF Sudeste-MG)
Michelle Sato Frigo (UFPR-Palotina)
Revalino Freitas (UFG)
Simone Wolff (UEL)

Dedico a obra a minha família, que esteve comigo no decorrer desta jornada. Em especial, ao meu pai, João Barbosa Bernaldino, que não está mais presente em vida, mas permanece em minhas memórias e lembranças como um herói, um símbolo, um exemplo de luta, determinação e superação de desafios e obstáculos.

AGRADECIMENTOS

Aos meus filhos, Náthaly Caroline, Eduardo e Laís Vitória, que desde muito pequenos e imaturos sempre estiveram na torcida pelo meu sucesso e, no decorrer da caminhada, seja nos momentos intensos em que estive envolvida com a pesquisa ou na escrita desta obra, demonstraram empatia, paciência, amor, interesse e muita empolgação.

Ao meu esposo Sidnei Figueiredo, pelo companheirismo, apoio, compreensão, motivação, carinho e cuidado que teve comigo, ao longo da minha da pesquisa de mestrado e na elaboração desta obra.

Ao meu orientador no Programa de Mestrado Desenvolvimento Regional e Meio Ambiente da Universidade Federal de Rondônia, Prof. Dr. Célio José Borges, pela dedicação e empenho no avanço da pesquisa, e por não medir esforços no sentido de me incentivar a buscar inspiração para fazer sempre o melhor possível.

Aos meus amigos Maria Alnecy, Felipe Damião e Monika Blank, pela ajuda e apoio enquanto colaboradores na coleta de dados da pesquisa de mestrado.

Ao Prof. Dr. Edson dos Santos Farias pela ajuda, dedicação, prontidão e orientação na tabulação e tratamento estatístico dos dados da pesquisa com os usuários dos espaços públicos contemplados nesta obra.

Ao Prof. Artur Moret por ter me desafiado e motivado no Programa de Mestrado Desenvolvimento Regional e Meio Ambiente da Universidade Federal de Rondônia para o estudo de políticas públicas numa perspectiva aplicada ao desenvolvimento regional.

Aos profissionais da Sejucel/RO e da Semes/PVH que aceitaram participar da pesquisa de mestrado sobre Políticas Públicas de Atividade Física e Esporte e contribuíram, sobremaneira, nesta obra para a contextualização histórica e mapeamento das Políticas Públicas de Atividade Física no Estado de Rondônia.

Aos usuários dos espaços públicos de Atividade Física na cidade de Porto Velho, que aceitaram participar da pesquisa de mestrado.

A todos os professores do Programa de Mestrado Desenvolvimento Regional e Meio Ambiente da Universidade Federal de Rondônia, pelos conhecimentos adquiridos que possibilitaram ampliar a minha trajetória acadêmica e profissional rumo ao doutorado.

PREFÁCIO

É grande a minha admiração pela aguçada curiosidade científica da professora Elizângela Bernaldino, autora deste livro. Tive a oportunidade de conhecê-la em 2002, quando ela era acadêmica de Educação Física na Fundação Universidade Federal de Rondônia/Unir. Naquela ocasião, a jovem Elizângela já mostrava grande disposição para aprender, buscar novos conhecimentos e apresentar questionamentos que encaminhassem para explicações que fossem além das generalidades. Não à toa, naquela época, foi inserida no recém-criado Grupo de Estudos e Desenvolvimento da Cultura Corporal. Hoje é uma das pesquisadoras da equipe, com notável produção científica e liderança entre estudantes que iniciam sua jornada no mundo da pesquisa. Tal progresso é resultado de quase 20 anos de dedicação, disciplina e rigor na produção e aplicação do conhecimento no âmbito da Educação Física em suas distintas vertentes e abrangências.

O livro *Políticas públicas e atividade física na Amazônia: uma integração necessária* é resultado do trabalho de Mestrado da professora Elizângela. Entretanto, a obra não se resume a uma pesquisa, cujo produto final lhe atribuiu um grau acadêmico, mas reproduz todo seu amadurecimento, obtido durante sua trajetória profissional e científica. Essa evolução favorece um enriquecimento impar à obra, brindando o leitor com pinceladas de um olhar atento de quem vive e conhece Porto Velho, Rondônia e a Amazônia.

Com foco no debate teórico-conceitual acerca do universo da atividade física no contexto das políticas públicas sociais na contemporaneidade, o conteúdo da obra se desenvolve em um *continuum*, que se inicia com o aprofundamento acerca do papel e atuação do Estado no desenvolvimento das políticas públicas na sociedade; e se encerra com o enfoque na dimensão política e social das políticas públicas de atividade física e esporte na cidade de Porto Velho, no estado de Rondônia. Em uma profunda reflexão em níveis macro e micro, cada estágio deste *continuum* é cuidadosamente sequenciado permitindo ao leitor apreciar um encadeamento perfeito entre o ponto inicial e o final da obra. Nesta sistematização, o fenômeno atividade física é analisado enquanto prática corporal fundamental na melhoria da qualidade de vida e na promoção da saúde. Esse é outro aspecto importante que acrescenta valor à obra.

O seguinte ponto que destaco diz respeito à relevância da publicação. Apesar de reconhecer os avanços na produção de conhecimento na

Amazônia, no âmbito da Educação Física, Esporte e Lazer, resultado da organização e consolidação de grupos de pesquisa, bem como da criação de alguns cursos de Pós-graduação na região, ainda são incipientes quantitativamente as produções quando comparadas com outras regiões do Brasil. No estado de Rondônia soma-se a esse cenário publicações que pouco ou nada aportam em qualidade, especialmente no que se refere à transferência de conhecimento que contribua para o equilíbrio e desenvolvimento social.

Nas últimas décadas, a prática de atividade física é apresentada como um dos fatores que impactam positivamente na saúde e qualidade de vida das pessoas. Na contramão desse apontamento, dados indicam que é crescente o número de indivíduos fisicamente inativos em nosso país, intensificando a necessidade do desenvolvimento de políticas públicas sociais para o setor. No Brasil, estudos voltados a essa temática devem ser considerados prioritários, pois contribuem para o aprofundamento dos diferentes vieses da atividade física no contexto da gestão da saúde pública.

A publicação ora apresentada, além de fornecer subsídios para a ampliação teórico-conceitual de estudos nacionais voltados às políticas públicas de atividades físicas e esporte, adquire merecimento diferenciado pelo fato de seus achados estarem delimitados em uma realidade específica ainda pouco estudada. Nesse aspecto, assenta-se a relevância científica deste trabalho da professora Elizângela.

A publicação edifica-se numa perspectiva local, uma vez que discute as políticas públicas das práticas corporais sob o olhar dos gestores e dos usuários de uma determinada realidade brasileira: um espaço público de lazer da cidade de Porto Velho, capital do estado de Rondônia. Os distintos cenários regionais advertem a importância de estudos locais para o mapeamento e investigação de soluções para os problemas do país, principalmente em temáticas tão caras socialmente como aquelas voltadas ao desenvolvimento de ações de saúde pública. Os achados aqui apresentados contribuem para a elaboração de estratégias direcionadas ao melhoramento da qualidade de vida da população.

Pelos motivos elencados, é com satisfação que recomendo este livro para pesquisadores, profissionais, educadores e estudantes de diversos setores que atuam ou que pretendem atuar no universo da atividade física no contexto das políticas públicas sociais.

Ivete de Aquino Freire

Docente da Fundação Universidade Federal de Rondônia
Líder do Grupo de Estudos do Desenvolvimento e da Cultura Corporal

APRESENTAÇÃO

A obra *Políticas públicas e atividade física na Amazônia: uma integração necessária* é fruto de uma pesquisa de mestrado realizada no período de 2013 a 2014, com a orientação do professor doutor Célio José Borges, no Programa de Pós-Graduação em Desenvolvimento Regional e Meio Ambiente da Universidade Federal de Rondônia. A obra contempla estudos e aprofundamentos teóricos e práticos sobre a perspectiva das políticas públicas enquanto uma área de conhecimento no mundo, no Brasil e na Amazônia, ao mesmo tempo em que integra a atividade física e os aspectos inerentes à saúde ambiental, qualidade de vida, lazer e a promoção da saúde na ótica do desenvolvimento.

A inspiração para a escrita perpassa pela minha formação como profissional de Educação Física e na condição de pesquisadora da área. Desse modo, julgo pertinente evidenciar ao leitor e à leitora que esta obra poderá impactar diretamente no exercício do profissional da saúde e/ou de áreas afins, bem como na atuação do gestor público, que busca literaturas para ampliar os conhecimentos sobre os aspectos teóricos, conceituais, históricos e práticos que permeiam o universo das políticas públicas aplicadas à atividade física.

Além disso, pode auxiliar o profissional quanto ao fomento das práticas corporais para o usuário dos espaços públicos e no desenvolvimento de programas, projetos e ações no âmbito dos órgãos e instituições públicas e privadas. Referente à abrangência da obra, esclareço ao leitor e à leitora que a maturidade científica que culminou com o interesse de transformar a pesquisa de mestrado em livro surgiu durante os estudos do Doutorado Profissional em Educação Escolar sobre o Artesanato Intelectual e a pesquisa aplicada.

Nessa fase acadêmica, mais especificamente no processo criativo e de inspiração para escrita da tese, por vezes, houve momentos de muitas incertezas, indagações e inquietações acerca do verdadeiro contributo da pesquisa aplicada ao campo social, em especial no contexto educacional, cultural e de saúde. Ao resgatar as memórias de minha jornada acadêmica, deparei-me na dimensão intelectual com a oportunidade de refletir, perceber e valorizar o universo de conhecimentos que fora produzido na pesquisa de mestrado e integrá-lo sob uma perspectiva mais abrangente na dimensão política e social, o que envolve as áreas da educação, cultura, economia e da saúde pública.

A proposta é apresentar ao leitor e leitora uma ótica teórica, metodológica e aplicada, consolidada com base em discussões, reflexões e conhecimentos acerca do conceito e das relações entre as "Políticas Públicas" e a "Atividade Física" na sociedade em que vivemos, frente ao campo do desenvolvimento político, social, cultural e econômico do Brasil, da região norte e do estado de Rondônia.

Para tanto, como foco principal, ao partir das políticas sociais, pretende-se oferecer subsídios para construção, significação e valorização da necessidade de integração das dimensões social, política, educacional, cultural, econômica e da saúde pública no planejamento, elaboração e execução das políticas públicas de atividade física nas esferas nacional, estadual e municipal.

A obra é uma experiência incrível de leitura aplicada que integra as políticas públicas e a atividade física sob o olhar dos profissionais das Secretarias de Estado e Município que gerenciam o esporte, cultura e lazer no município de Porto Velho, ao mesmo tempo que revela e propicia reflexões com base no olhar e voz do usuário dos espaços públicos para a prática da atividade física.

A partir dessa experiência, a obra oferece subsídios às secretarias, órgãos e instituições responsáveis pelo planejamento, elaboração, execução e avaliação das políticas públicas que integram a atividade física com finalidades diversas, como: a promoção de um estilo de vida saudável; o desenvolvimento do esporte numa perspectiva social e de bem-estar individual e coletivo; a diminuição do sedentarismo e dos hábitos de comportamento sedentário; a melhoria da qualidade de vida e dos indicadores de saúde; a prevenção de doenças ocasionadas pelos maus hábitos da contemporaneidade; e a diminuição dos custos médico-hospitalares com medicamentos e internações.

No campo intelectual, a leitura da obra contribuirá para elucidar importantes reflexões na dimensão política e social que permeiam a disponibilidade de equipamentos, espaços adequados de atividade física e a oferta dessas práticas em espaços públicos em diferentes fases da vida, enquanto problematiza a relevância do atendimento e da orientação profissional de Educação Física in loco, principalmente para a população de baixa renda e/ou que reside em regiões periféricas das cidades. Em suma, desejo ao leitor e à leitora uma experiência capaz de significar, suscitar, resgatar e criar memórias e sentidos sobre a necessidade da integração das políticas públicas de atividade física.

A autora

LISTA DE SIGLAS E ABREVIATURAS

Agevisa Agência Nacional de Vigilância em Saúde

ANS Agência Nacional de Saúde

DCNTs Doenças Crônicas Não Transmissíveis

Decom/RO Departamento de Comunicação de Rondônia

IBGE Instituto Brasileiro de Geografia e Estatística

IDH Índice de Desenvolvimento Humano

IMC Índice de Massa Corporal

MEC Ministério da Educação

Nasf's Núcleo de Atenção à Saúde da Família

OMS Organização Mundial de Saúde

ONGs Organizações Não Governamentais

PAC Programa de Aceleração do Crescimento

PAS Plano de Desenvolvimento Sustentável

Pelc Programa Esporte e Lazer da Cidade

PNS Política Nacional de Saúde

PNUD Programa das Nações Unidas para o Desenvolvimento

PPP Parceria PúblicoPrivada.

Secel/RO Secretaria Estadual de Esporte e Lazer de Rondônia

Seme/PVH Secretaria Municipal de Esporte e Lazer de Porto Velho

Semed/PVH Secretaria Municipal de Educação de Porto Velho

Semfaz/PVH Secretaria Municipal da Fazenda de Porto Velho

SNDL Secretaria Nacional de Desenvolvimento do Esporte e Lazer – SNDL

SUS Sistema Único de Saúde

Unesco Organização das Nações Unidas para Educação

Vigitel Vigilância dos Fatores de Risco das Doenças Crônico Degenerativas por Inquérito Telefônico.

SUMÁRIO

INTRODUÇÃO 17

CAPÍTULO 1
ESTADO, DESENVOLVIMENTO E AS POLÍTICAS PÚBLICAS 23
1.1 ESTADO E DESENVOLVIMENTO 23
1.2 POLÍTICAS PÚBLICAS E O DESENVOLVIMENTO NO CENÁRIO GLOBAL ... 27
1.3 DESENVOLVIMENTO DAS POLÍTICAS PÚBLICAS NO BRASIL 29
1.4 GESTÃO DAS POLÍTICAS PÚBLICAS E O DESENVOLVIMENTO SOCIAL 32

CAPÍTULO 2
AMAZÔNIA E O DESENVOLVIMENTO DAS POLÍTICAS SOCIAIS 37
2.1 PERSPECTIVAS DO DESENVOLVIMENTO NA AMAZÔNIA 37
2.2 BASES PARA O DESENVOLVIMENTO DAS POLÍTICAS PÚBLICAS SOCIAIS .. 40
2.3 POLÍTICAS PÚBLICAS SOCIAIS NA AMAZÔNIA 44

CAPÍTULO 3
ATIVIDADE FÍSICA, POLÍTICAS PÚBLICAS
E O DESENVOLVIMENTO REGIONAL 49
3.1 DIMENSÃO DA ATIVIDADE FÍSICA: PERSPECTIVAS E DIFERENÇAS ... 50
3.2 ATIVIDADE FÍSICA, SAÚDE PÚBLICA E O DESENVOLVIMENTO 52
3.3 SAÚDE, LAZER E O DESENVOLVIMENTO REGIONAL 56
3.4 POLÍTICAS DE ESPORTE E LAZER E A GESTÃO PARTICIPATIVA 60
3.5 ESPORTE E ATIVIDADE FÍSICA: UMA INTEGRAÇÃO NECESSÁRIA NAS
POLÍTICAS SOCIAIS. 63

CAPÍTULO 4
POLÍTICAS PÚBLICAS DE ATIVIDADE FÍSICA EM RONDÔNIA 69
4.1 ASPECTOS HISTÓRICOS, GEOPOLÍTICOS E ECONÔMICOS DE RONDÔNIA ... 69
4.2 O CASO DE PORTO VELHO: ASPECTOS METODOLÓGICOS E ÉTICOS .. 72
4.3 DA ENTREVISTA COM O PROFISSIONAL DA SECRETARIA DE ESPORTE
E LAZER. 76
4.4 CARACTERIZAÇÃO DO ESPAÇO DE ATIVIDADE FÍSICA. 80
4.5 O USUÁRIO DO ESPAÇO PÚBLICO DE ATIVIDADE FÍSICA 87
4.6 ANÁLISE E INTERPRETAÇÃO DA ENTREVISTA E DO QUESTIONÁRIO .. 91

CAPÍTULO 5
DIMENSÃO POLÍTICA E SOCIAL DA ATIVIDADE FÍSICA
EM PORTO VELHO: O OLHAR DO GESTOR E DO PROFISSIONAL 101
5.1 DIMENSÃO POLÍTICA: O OLHAR DO GESTOR E DO PROFISSIONAL.. 102
5.2 CONDIÇÕES DO ESPAÇO PÚBLICO DE ATIVIDADE FÍSICA 121
5.3 DIMENSÃO SOCIAL: ATENDIMENTO E OFERTA DA ATIVIDADE FÍSICA... 137

CAPÍTULO 6
POLÍTICA DE ATIVIDADE FÍSICA EM PORTO VELHO:
O OLHAR E A VOZ DO USUÁRIO DO ESPAÇO PÚBLICO 149
6.1 PERFIL DO USUÁRIO DO ESPAÇO PÚBLICO EM PORTO VELHO...... 150
6.2 O ESPAÇO PÚBLICO DE ATIVIDADE FÍSICA: O OLHAR DO USUÁRIO 154
6.3 A ATIVIDADE FÍSICA NO ESPAÇO PÚBLICO: A VOZ DO USUÁRIO ... 156

CAPÍTULO 7
POLÍTICAS PÚBLICAS E ATIVIDADE FÍSICA:
ALGUMAS CONSIDERAÇÕES 167
7.1 MUDANÇAS E AVANÇOS NAS POLÍTICAS EM RONDÔNIA: DESPORTO E
LAZER. 167
7.2 CONSIDERAÇÕES SOBRE AS POLÍTICAS PÚBLICAS DE ATIVIDADE
FÍSICA E ESPORTE EM PORTO VELHO 170

REFERÊNCIAS 175

INTRODUÇÃO

A integração da atividade física e esporte no contexto das políticas públicas, e mais especificamente no bojo das políticas sociais, no decorrer dos anos, tem se revelado na área científica, econômica e epidemiológica como sendo de grande relevância no desenvolvimento de ações de saúde pública intersetoriais, voltadas para adoção de hábitos saudáveis, prevenção de doenças e melhoria da qualidade de vida. Nessa vertente, a necessidade da promoção de práticas corporais no cotidiano da população tem sido amplamente discutida e defendida na literatura em diferentes contextos e perspectivas, tendo em vista seus impactos diretos no campo social, econômico, cultural e na promoção da saúde (FARINATTI; FERREIRA, 2006; BARROS, 2009; NAHAS, 2010; MOREIRA, 2010; BRASIL, 2006; 2008; 2009; 2011).

No campo das políticas sociais, as mudanças ambientais e no estilo de vida da população, advindas dos avanços tecnológicos, da globalização e do desenvolvimento capitalista no cenário global e nacional, contribuem para justificar a presença da atividade física e o esporte no planejamento e na consolidação das políticas públicas intersetoriais com vistas a integrar o universo das práticas corporais como um pilar fundamental para prevenção, promoção da saúde e melhoria dos indicadores de qualidade de vida da população.

Do ponto de vista social, nos últimos 50 anos, em virtude de mudanças sociais e ambientais, houve, por exemplo, a explosão populacional e urbanização acelerada, o aumento significativo da expectativa de vida (envelhecimento populacional), e a inversão nas principais causas de morbidades, que passaram de doenças infectocontagiosas para doenças crônicas degenerativas, como doenças do coração, diabetes e câncer (NAHAS, 2010; FARINATTI; FERREIRA, 2006). Em face disso, pode-se destacar que em decorrência das grandes mudanças estruturais do mundo moderno, como a globalização, a urbanização, a divisão social do trabalho e, acima de tudo, o advento da economia monetária, a preocupação dos estudiosos aumentou no que se refere ao desenvolvimento de ações determinantes para os setores da saúde, lazer e de qualidade de vida dos indivíduos (RECHIA, 2009).

Tal inquietação se deve ao fato de que com a modernização, houve a revolução do trabalho (mecanização e automação) e a urbanização acelerada, concomitantemente, a prevalência de fatores do estilo de vida negativo e lazer passivo cresceu muito, a ponto de tornar-se um marco do comportamento humano no século XX (GUARDA; MARIZ; SILVA, 2009; NAHAS, 2010). Sobre esse assunto, Nahas (2010) enfatiza que, com a revolução tecnológica e consequente predominância do estilo de vida negativo, houve crescentes reflexões acerca do sedentarismo como principal fator de risco para a saúde. Ainda nesse caminho, a prática da atividade física configurou-se e passou a ser defendida como um fator fundamental para prevenção e tratamento de inúmeras doenças, bem como faz parte dos componentes para um estilo de vida saudável.

Nesse contexto, enquanto campo de conhecimento, o estudo teórico das políticas públicas tem procurado integrar a sociedade e as instituições em que são decididas, desenhadas e implementadas. Sob essa ótica, são viabilizadas diferentes áreas de conhecimento em são contemplados, por exemplo, problemas oriundos dos setores da economia, cultura, educação, saúde, meio ambiente, esporte, lazer e atividade física, para fins de evidenciar as lacunas existentes e apontar caminhos para o sucesso no desenvolvimento de tais políticas (SOUZA, 2006).

Em relação aos aspectos econômicos, cabe salientar que os recursos financeiros investidos em programas de atividades físicas podem contribuir de forma imediata na implantação de estratégias que possibilitem gerar importantes impactos sobre o quadro clínico de saúde da população, além da diminuição das despesas do Sistema Único de Saúde (SUS) com procedimentos e medicamentos, sobretudo no tratamento de doenças crônicas não transmissíveis (DCNTs) (GUARDA; MARIZ; SILVA, 2009).

No Brasil, historicamente, no âmbito das políticas públicas de atividade física e esporte, inúmeras tentativas e ações teóricas têm sido viabilizadas dentro de uma perspectiva intersetorial entre os Ministérios da Saúde e Educação e, em parte pelo Ministério do Esporte. Contudo, na prática, os resultados perpassam pela existência de lacunas oriundas da má gestão do poder público, bem como permeiam a ausência efetiva de políticas consolidadas, programas e projetos articulados e integrados entre as esferas nacional, estadual e municipal (RECHIA, 2009; AMARAL; PEREIRA, 2009).

Como consequência disso, pode-se destacar em esfera nacional a existência de cidades e/ou estados em que a efetivação das políticas públicas voltadas à atividade física e esporte perpassa por algumas lacunas, seja na consolidação, nos resultados e/ou na continuidade das ações. Assim como também necessitam serem reestruturadas em consequência de fatores sociais, econômicos e culturais relacionados ao crescimento populacional desordenado e estrutura física da cidade, presente na grande maioria das regiões do país (MEZZADRI *et al.*, 2006; RECHIA, 2009, AMARAL; PEREIRA, 2009; BAHIA; LIMA, 2010; BANKOFF; ZAMAI, 2011).

Sob ótica nacional, é pertinente reconhecer que a existência de lacunas na integração de políticas públicas intersetoriais permeia, necessariamente, a gestão do poder local no que diz respeito à oferta de práticas corporais à população em todas as fases da vida, em consonância ao oferecimento de programas, projetos e ações de promoção da atividade física e a disponibilidade do profissional de Educação Física para orientar a prática da atividade física e esporte nos espaços públicos.

Dentro desse contexto, a obra busca contextualizar a realidade das políticas públicas intersetoriais de atividade física vivenciada no município de Porto Velho. Tendo em vista que a cidade apresenta um crescimento desordenado em virtude da migração de muitas famílias das mais variadas regiões e/ou municípios do país que, no intuito de buscar melhores oportunidades econômicas, acabaram por fixar residência na cidade (BERNALDINO *et al.*, 2010; SILVA *et al.*, 2011). Como exemplo, destaca-se, em particular, o processo migratório advindo da construção das Usinas Hidrelétricas de Santo Antônio e Jirau que impactou sobremaneira no desenvolvimento e na urbanização da cidade. De acordo com as estimativas do Instituto Brasileiro de Geografia e Estatística (IBGE), no censo 2000, a construção das hidrelétricas provocou um crescimento populacional, passando de 334.661 mil habitantes em 2000, para 410.520 mil habitantes em 2010. Isso significa que teve um acréscimo de 75.859 pessoas, resultando num aumento de aproximadamente (22,6%) em uma década, percentual bem acima da média nacional.

O fluxo populacional recebido na cidade de Porto Velho desencadeou uma série de mudanças na configuração das moradias por meio do crescimento das construções verticais, bem como aumentou o tráfego de veículos, os números de acidentes no trânsito, e contribuiu diretamente com os impactos ambientais, na saúde e no aumento da violência de forma geral. Nesse cenário, a capital de Rondônia vivenciou um período de transição, no qual passou a compor uma estrutura de metrópole em desenvolvimento sem as condições estruturais básicas de expansão.

Frente às mudanças e impactos advindos do fluxo populacional, no cenário da saúde, em Porto Velho, dados epidemiológicos do Vigitel (Vigilância dos Fatores de Risco das Doenças Crônico Degenerativas por Inquérito Telefônico) (2011) apontaram aumentos percentuais nos fatores de riscos associados à saúde na população adulta do munícipio quando comparado o período compreendido entre os anos de 2006 e 2011. Conforme o Vigitel, no ano de 2006, havia (12,9%) homens obesos, em 2011, o percentual subiu para (16,6%); em mulheres, os números passaram de (12,7%) para (16,7%). O percentual de homens com excesso de peso aumentou de (46,2%) para (52,3%), em 2011, e entre as mulheres o número foi de (36,7%), em 2006, para (45,4%), em 2011.

Além disso, conforme informações do Vigitel (2011), apenas (26%) de adultos praticam alguma atividade física em seu tempo livre, fazendo do município o mais sedentário do país e, consequentemente, encontra-se mais predisposto ao aparecimento das DCNT's que, na atualidade, são consideradas um problema de saúde pública. Face ao exposto, fica evidente a necessidade de ações intersetoriais pelo poder público para diminuição dos fatores de riscos presentes no estilo de vida negativo, como por exemplo, o sedentarismo, que é considerado um problema de saúde pública e o principal fator associado ao risco ligado às doenças crônicas degenerativas.

Na vertente da saúde pública, chama-se a atenção para o impacto positivo oriundo da gestão de políticas públicas intersetoriais com vistas à identificação dos interesses populacionais e ao desenvolvimento de programas, projetos e ações de promoção da atividade física em capitais do Brasil de forma satisfatória. Em relação ao desenvolvimento de ações de promoção da atividade física, DUCA *et al.* (2014), a partir de um estudo transversal de base populacional vinculado ao inquérito EpiFloripa, desenvolvido com adultos de 20 a 59 anos, na cidade de Florianópolis, ressalta que devem ser considerados no desenvolvimento de ações de atividade física: o perfil sociodemográfico do praticante; a escolaridade; a renda; e os distintos interesses populacionais para o estímulo à sua prática no lazer.

Sobre a perspectiva da atividade física no lazer e/ou tempo livre, dados do Vigitel (2020) apontam em adultos homens o maior percentual para prática no tempo livre (54,9%), no Distrito Federal, quando comparado com as capitais do Brasil. A menor frequência foi identificada na capital de São Paulo (36,2%). Entre as mulheres, as maiores frequências foram observadas em Florianópolis (42,9%) e, na cidade de São Paulo (20,2%). predomina o menor percentual de mulheres ativas (Vigitel, 2020). Tal situação possibilita problematizar a relevância da gestão do poder local no campo da atividade física, ao mesmo tempo que elucida de forma indireta a necessidade de ações, programas e projetos intersetoriais para o aumento dos percentuais de prática de atividade física no tempo livre.

Diante desse cenário, a obra *Políticas públicas e atividade física*: uma integração necessária foi estruturada em sete capítulos. O primeiro capítulo elucida no campo teórico, conceitual e histórico o aprofundamento acerca do papel e atuação do Estado no desenvolvimento das políticas públicas na sociedade. Por conseguinte, são estabelecidas relações entre as políticas públicas sociais, Estado, desenvolvimento e a responsabilidade do poder local na gestão e participação social e implementação das políticas públicas, no cenário global e no Brasil.

No segundo capítulo, são contempladas as reflexões a respeito do desenvolvimento das políticas sociais no contexto amazônico no intuito de estabelecer relações entre a atividade física e esporte com as políticas de promoção do lazer, saúde e qualidade de vida. Concomitantemente, busca-se contextualizar e ressaltar a relevância das políticas sociais, das ações intersetoriais e da participação social no desenvolvimento regional da Amazônia.

O terceiro capítulo aborda a atividade física, políticas públicas e o desenvolvimento regional no intuito de explorar as dimensões, perspectivas, diferenças e aplicações da atividade física no campo da saúde pública, do esporte, do lazer e na gestão participativa das políticas sociais. O foco é aprofundar o debate teórico conceitual acercada necessidade e do universo das práticas da atividade física que fundamenta e justifica o arcabouço sociocultural e de saúde coletiva da população na contemporaneidade.

O quarto capítulo contextualiza o método e os procedimentos de coleta dos dados da pesquisa, e descreve o processo de sistematização e análise dos resultados do estudo de caso sobre as políticas de atividade física e esporte na cidade de Porto Velho. Para tanto, são apresentados os fundamentos científicos, os procedimentos metodológicos, os aspectos éticos e os instrumentos utilizados para o desenvolvimento e análise dos resultados da pesquisa. Simultaneamente, buscou-se problematizar a abrangência, o impacto e a integração das políticas públicas na área de atividade física nas dimensões política e social.

No quinto e sexto capítulos, apresenta-se os resultados da pesquisa realizada com o grupo de profissionais da Secretaria de Esportes e Lazer e com os usuários dos espaços públicos na cidade de Porto Velho. O quinto capítulo apresenta os resultados em duas dimensões: a política e a social, sob o olhar dos gestores e dos técnicos. Já o sexto capítulo apresenta a dimensão social das políticas públicas de atividade física e esporte a partir do olhar dos usuários dos espaços públicos de atividade física e esportes investigados na cidade de Porto Velho. Por fim, o sétimo capítulo apresenta algumas considerações sobre as perspectivas e os avanços na ótica das políticas públicas de atividade física, ao mesmo tempo que busca a reflexão acerca dos impactos do desenvolvimento dessas políticas para sociedade. Na estruturação da obra, para fins de ampliar o conhecimento teórico acerca das políticas públicas para Atividade Física numa perspectiva interdisciplinar, recorreu-se aos autores Bobbio (1997; 2007), Heidman e Salm (2010), Hochman, Arecthe e Marques (2007) e Piana (2009) para contextualizar e relacionar o Estado e as políticas públicas sociais no âmbito da promoção da saúde, lazer e qualidade de vida e os impactos para o desenvolvimento do país, e aos autores Unesco (1978), Tubino (1996), Veiga (2010), Marcellino (2002), Zingoni (2002), Souza (2006), Barros (2009), Nahas (2010), Moreira (2010), Silva (2012) e Brasil (2006; 2008; 2009; 2011) para fundamentar o estudo de atividade física e esporte e relacionar com as políticas sociais de desenvolvimento regional.

CAPÍTULO 1

ESTADO, DESENVOLVIMENTO E AS POLÍTICAS PÚBLICAS

O alfa e o ômega da teoria política é o problema do poder: como o poder é adquirido, como é conservado e perdido, como é exercido, como é defendido e como é possível defender-se contra ele.

(BOBBIO, 2004, p. 60)

1.1 ESTADO E DESENVOLVIMENTO

A discussão sobre Estado e desenvolvimento tem assumido particular importância do ponto de vista teórico, político, (BOBBIO, 1997; 2007; LENIN, 2010), social e econômico (SALLUN JR, 2003; CARLEIAL, 2004; POCHMANN, 2004; BOITO JR, 2007), principalmente no que se refere à constituição, papel e relações do Estado com o surgimento e desenvolvimento da sociedade. Dessa forma, pretende-se aqui levantar a perspectiva teórica e conceitual sobre: o que é Estado, seu papel e as consequências de sua atuação para a sociedade.

Em relação à perspectiva teórica, tomando por base as ideias de Bobbio (1997; 2007), destaca-se que para o estudo do Estado devem ser consideradas duas fontes principais: a história das instituições políticas; e a história das doutrinas políticas, dada a importância individual e coletiva de cada uma para a compreensão de ambas. Nessa vertente, é relevante considerar na análise teórica do Estado, a ligação existente entre o estudo da história das instituições políticas e das doutrinas com o entendimento das leis que regulam as relações entre governantes e governados.

Entre as teorias sociológicas do Estado, duas mantiveram-se em campo nos últimos anos: a teoria marxista e a teoria funcionalista. A teoria marxista se preocupa com a mudança social, caracterizando-se pela "ruptura da ordem e a passagem de uma ordem à outra, sendo concebida como passagem de uma forma de produção a outra através da explosão das contradições internas do sistema", especialmente as contradições entre as forças produtivas e as relações de produção. Enquanto a teoria funcionalista, "na sua versão parsoniana é dominada pelo tema hobbesiano da ordem e preocupa-se essencialmente com a conservação social" (BOBBIO, 2007).

Com relação à análise do conceito, há na literatura uma diversidade de estudos que estabelecem ligações diretas entre Estado, política, economia e sociedade. Sendo que a partir dessas relações, o Estado é apontado como sendo um mecanismo de poder, instância burocrática de gestão dos serviços públicos, dominação de classe, e/ou repressão e força social. Para Bobbio (2007), o Estado, enquanto teoria política, parte de forma direta ou indireta de uma definição de poder e de uma análise do fenômeno do poder, e assim, apoia-se sobre a teoria dos três poderes (o Legislativo, o Executivo e o Judiciário) e das relações entre eles.

De acordo com Moreira (2010), o Estado apresenta-se definido como uma "instância burocrática que gerencia serviços públicos" a uma população compreendida como cliente e que reproduz valores de um sistema econômico elitista globalizado, que opera para manter, dirigir mudanças e deflagrar a descentralização. Na visão de Marx, o Estado é um órgão de "dominação de classe", em que há submissão de uma classe por outra, e consequente criação de uma ordem econômica e política que legalize e consolide essa submissão amortecendo a colisão das classes (LENIN, 2010).

Engels (2012), a partir de uma perspectiva ontológica, retrata o Estado enquanto instrumento especial de "repressão" da classe dominante contra os trabalhadores, sob o qual pode ser caracterizado a partir do desenvolvimento de uma "força" proveniente da sociedade, mas superior a ela e que dela se afasta cada vez mais. No que se refere ao seu papel e à atuação, observa-se na literatura um entendimento de que o Estado se apresenta condicionado "aos interesses econômicos setoriais burgueses"; "às relações entre direito e poder e/ou direito e Estado"; e "regulados por normas gerais no âmbito das leis que os regulam".

Segundo Boito Jr. (2007), a partir do emprego da expressão "bloco de poder", caracterizado pelas frações da classe dominante como força social, houve a "representação dos interesses econômicos setoriais burgueses", que acabaram por ensejar objetivos próprios diante da política de Estado e na formação de grupos políticos diferenciados. Bobbio (1997; 2007), complementa e enfatiza que ao lado do problema do fundamento do poder, a doutrina clássica do estado também se ocupou de aspectos relacionados aos limites do poder no que se refere "às relações entre direito e poder e/ou direito e Estado".

A partir dessa relação, o autor destaca a existência de duas manifestações extremamente reveladoras da tendência de submissão do poder público ao direito: a primeira é a interpretação *weberiana* do Estado moderno como um Estado racional e legal, cuja legitimidade repousa exclusivamente no exercício do poder em conformidade com as leis. A segunda é a teoria *keysiana* do ordenamento jurídico como cadeia de normas que criam poderes e deles criam normas, cujo marco inicial é representado não pelo poder dos poderes, como concebido na teoria do direito público, mas pela norma das normas, a *grundnorm*.

Por outro lado, em uma perspectiva histórica, as experiências vivenciadas pelo Estado enquanto fenômeno de dominação, repressão, poder e força social sofreram avanços no meio político, econômico e social, advindos das revoluções e do capitalismo mundial. Dentre tais avanços, pode-se evidenciar a "constituição do Estado de bem-estar social", como "princípio básico para o pleno emprego e menor desigualdade social entre os cidadãos".

Sobre este assunto, Pochmann (2004) evidencia que as experiências a respeito de um novo papel do Estado, até a década de 30, eram definidas fundamentalmente pelo setor privado. Por conseguinte, a "constituição do Estado de bem-estar social" foi peça fundamental para o estabelecimento da cidadania regulamentada e desenvolvimento da economia, tida como sendo o centro do capitalismo mundial. Para tanto, foram considerados a lógica industrial, o acesso à democracia de massa e a conformação da sociedade salarial, e coube ao Estado um papel singular como participante do intenso processo de expansão econômica e das transformações no interior das sociedades capitalistas.

Oliveira (2007), mediante as ideias de Bobbio, chama a atenção para os aspectos positivos do liberalismo e socialismo, e considera o Estado de direito como um poder público regulador por normas gerais e devem ser exercidos no âmbito das leis que os regulam". Piana (2009) chama a atenção para o fato de que o ideário de bem-estar social, consolidado após a Segunda Guerra Mundial, proposto pela teoria *keysiana* em países da Europa e nos Estados Unidos, evidencia o princípio básico de "pleno emprego e menor desigualdade social entre os cidadãos".

Quanto ao caráter de desenvolvimento na sociedade, inicialmente, o Estado dependia diretamente das forças do mercado para se consumar, ou seja, era "autorregulado". Posteriormente, assumiu a função "reguladora" e "empresarial", instituiu-se "a burocracia e o exército permanente" como representatividade da formação e atuação do poder estatal. Nesse contexto, Heidemann e Salm (2010), ao utilizarem os aspectos históricos, afirmam que no século 20, "o progresso", nome atribuído ao desenvolvimento que alavancava a política, a economia e a sociedade, dependia diretamente das forças do mercado para se consumar e, portanto, caracterizava-se como autorregulado.

No decorrer dos anos, a ação política dos governos, no campo da economia, chamada pelos liberais de intervenção, caracterizava-se agora de duas formas: como "ação reguladora", a partir da criação de leis que imprimiam direcionamentos específicos de ordem política às iniciativas econômicas; e pela participação direta do Estado na economia, com função "empresarial", como por exemplo, na criação e na administração das empresas estatais. Nesse cenário, Lenin (2010) ressalta que o poder centralizado do Estado, característico da sociedade burguesa, nascido na época da queda do absolutismo, ao longo dos anos, constituiu-se em duas instituições consideradas típicas dessa máquina governamental: "a burocracia e o exército permanente, como representatividade da formação e atuação do poder estatal".

> Forma-se o Estado; cria-se uma força especial, criam-se corpos armados, e cada revolução, destruindo o aparelho governamental, nos mostra uma luta de classe descoberta, põe em evidência como a classe dominante se empenha em reconstituir, ao seu serviço, corpos de homens armados e como a classe oprimida se empenha em criar uma nova organização do mesmo gênero, para pô-la ao serviço, não mais dos exploradores, mas dos explorados (LENIN, 2010, p. 30).

Levando em consideração a citação acima, é possível observar que as relações de poder entre o Estado e a classe oprimida estão diretamente relacionadas ao exercício da força física e coerção social como sendo instrumentos fundamentais do poder estatal, e consequente repressão da classe explorada. Por outro lado, fica evidente no texto que o caráter transformador das mudanças ocorridas a partir das revoluções influenciou sobremaneira no papel e na atuação do Estado, e consequente destruição do aparelho governamental.

Nessa perspectiva, ao estabelecer uma reflexão teórica entre os estudos analisados, pode-se enfatizar que o Estado desempenhou diversos papeis importantes na organização e estruturação da sociedade política e econômica, bem como no campo da ciência política ora como instância burocrática (MOREIRA, 2010) de poder e força social (BOITO JR, 2007; LENIN, 2010), ora como órgão de dominação e repressão da classe trabalhadora (LENIN, 2010; ENGELS, 2012), ora enquanto fenômeno do poder regulado por leis (BOBBIO 1997, 2007) e como Estados de direito e de bem-estar social (POCHMANN, 2004; PIANA 2009).

1.2 POLÍTICAS PÚBLICAS E O DESENVOLVIMENTO NO CENÁRIO GLOBAL

No tópico anterior, foi contextualizado e problematizado o conceito, papel e atuação do Estado, tendo em vista a importância atribuída para compreensão deste como agente e/ou instituição política detentora de poder, que é responsável e reguladora das políticas públicas. Sendo assim, pretende-se discutir e refletir os aspectos históricos e conceituais das políticas públicas e do desenvolvimento no cenário global, na tentativa de compreender os mecanismos envolvidos na consolidação, implementação, gestão e participação social no âmbito das políticas sociais no Brasil.

Para tanto, é importante contextualizar a relevância das políticas públicas no campo da ciência a partir da retomada histórica dos aspectos teóricos, sociais, econômicos e políticos que influenciaram para seu desenvolvimento no cenário mundial.

Sob esta ótica, Souza (2006) evidencia que a década de 30 caracteriza-se como sendo o marco histórico do desenvolvimento das políticas públicas enquanto área de conhecimento no mundo. Isso porque a partir dos anos 30, foram reconhecidos e consagrados quatro grandes precursores: H. Laswel, H. Simon, L. Lindblon e D. Easton. Em 1936, H. Laswel, por meio da expressão *policy analysis*, conciliou o conhecimento acadêmico e científico com a produção empírica do governo e a necessidade de diálogo entre os cientistas sociais.

Nos anos 50, H. Simon introduziu o conceito de *policy makers* e defendeu que a limitação da racionalidade poderia ser minimizada pelo conhecimento racional. Posteriormente, L. Lindblom questionou as ideias de H. Laswel e H. Simon e propôs a reformulação e análise das políticas públicas a partir da incorporação das relações de poder e integração nas fases decisórias dos diferentes processos. Em 1965, D. Easton definiu a política pública como um sistema, ou seja, como uma relação entre formulação, resultados e o ambiente.

Entretanto, a vertente de pesquisa, disseminação e consolidação das políticas públicas como área de estudos das ciências políticas no cenário internacional surgiu nos Estados Unidos sob o rótulo de *"policy science"*, e começou a se estabelecer nos anos de 1950. Nesse período, as ciências políticas não estabeleceram as relações com as bases teóricas sobre o papel do Estado, mas deram ênfase aos estudos sobre a ação dos governos. Logo, foi na Europa, no ano de 1970, mais especificamente na Alemanha, que a preocupação com o estudo do campo das políticas públicas se desenvolveu como forma de um desdobramento dos trabalhos baseados em teorias explicativas do papel do Estado, nas quais o governo, além de ser o incremento fundamental para a instituição do Estado, também representava o produtor por excelência das políticas públicas (FREY, 2000; SOUZA, 2006).-

No que diz respeito aos aspectos conceituais, inúmeras pesquisas foram realizadas no intuito de compreender criticamente as políticas públicas, em particular, como as políticas sociais são constituídas. E assim, examina-se desenhos de políticas e suas relações com cidadania, cultura política, Estado, economia, os padrões de financiamento estatal, entre outras (FREY, 2000; TEIXEIRA, 2000; POCHMANN, 2004; ARRETCHE, 2003; SOUZA, 2006; HOCHMAN, ARRETCHE & MARQUES, 2007; HEIDEMANN & SALM, 2010; MOREIRA, 2010; HÖFLING, 2011; SILVA, 2012; PASTORINI *et al.*, 2012).

No campo conceitual não existe uma única e/ou nem melhor definição sobre o que seja política pública, tendo em vista que no decorrer das décadas o seu conceito permeou diferentes contextos e mudanças que estiveram associados diretamente e/ou em partes à política, à economia, ao desenvolvimento, ao Estado e aos aspectos sociais (SOUZA, 2006). Na visão de Teixeira (2002), as políticas públicas são diretrizes, princípios norteadores de ação do poder público, regras e procedimentos para as relações entre poder público e sociedade, sob a qual há uma forma de mediação entre atores da sociedade e do Estado.

Do ponto de vista de Souza (2006), a política pública em geral e a social em particular são campos multidisciplinares, e o foco está nas explicações sobre a natureza da política pública e seus processos. Heidemann & Salm (2010), por sua vez, utilizam o termo "política" para explicar as várias acepções retratadas em distintos estudos de referências na literatura, e propõem três definições: a primeira retrata a política como sendo algo capaz de englobar tudo o que diz respeito à vida coletiva das pessoas em sociedade e em organizações; a segunda destaca a política como sendo um conjunto de processos, métodos e expedientes usados por indivíduos ou grupos de interesses para influenciar, conquistar e manter o poder; e, por último, a terceira enfatiza a política como a arte de governar e realizar o bem público.

De modo que, em sua acepção mais operacional, a política pública é entendida como ações práticas, diretrizes políticas, fundadas em leis e empreendidas como funções de Estado por um governo para resolver questões gerais e específicas da sociedade. Isso porque é pelo Estado que as políticas públicas são encaminhadas e, por meio delas, apresenta-se a materialidade da intervenção do Estado na sociedade (HEIDEMANN & SALM, 2010; MOREIRA, 2010).

1.3 DESENVOLVIMENTO DAS POLÍTICAS PÚBLICAS NO BRASIL

O entendimento referente ao desenvolvimento das políticas públicas no Brasil perpassa primariamente pelo resgate histórico e político que envolve as relações do Estado com a ordem social e econômica vigente nos anos 30, que foram significativamente alteradas pelos processos de democratização política e liberalização econômica (SALLUM JR., 2003; POCHMANN, 2004; BOITO JR., 2007). Por conseguinte, a constituição das relações entre desenvolvimento e políticas públicas no Brasil, histori-camente, sofreu influências diretas do período que compreendeu o fim da Segunda Guerra Mundial até aproximadamente o começo dos anos 1970, época essa em que o desenvolvimento confundia-se com crescimento eco-nômico. Assim, era entendido fundamentalmente como o processo pelo qual o sistema econômico criava e incorporava progresso técnico e ganhos de produtividade, sobretudo no âmbito das empresas (Ipea, 2010).

Nessa perspectiva, evidencia-se que a política econômica e social do Estado brasileiro, ao longo das décadas, conferiu ao capitalismo brasileiro características estáveis que permearam um modelo desenvolvimentista, na fase racional reformista (1930-1964), e um período pró-monopolista, na época da ditadura militar (1964-1985). E, por conseguinte, permitiu a discussão e a reflexão teórica, social e política acerca de um novo modelo de desenvolvimento capitalista, chamado neoliberal (BOTO JR., 2007).

Em contrapartida, corroborando com Moreira (2010), o processo de redemocratização do Estado brasileiro iniciado no final da década de 70, ampliado nas décadas de 80 e 90, articulou a reforma, mas não objetivou a transformação em um espaço público com democracia e controle popular.

Ao contrário, o que se objetivava, era cada vez mais submetê-lo à lógica do mercado. Segundo Carleial (2004), no Brasil a dinâmica de crescimento e desenvolvimento até os anos 80 foi comandada de forma decisiva pela ação do Estado e por seu esforço industrializante. A estrutura produtiva diversificou-se com ênfase na grande empresa estatal e privada, provocando grandes fluxos migratórios e um rápido processo de urbanização do país.

Com a crise dos anos 80, o país atravessa um período de endividamento interno e externo, concomitante com a incapacidade do Estado brasileiro em continuar mantendo um padrão de financiamento de longo prazo para o desenvolvimento do país (CARLEIAL, 2004). A partir da década de 90, o desenvolvimento no Brasil foi marcado por profundas transformações, tanto no cenário econômico nacional, como no internacional, resultantes de modificações de fundo nas estruturas produtivas de cada país, da universalização dos padrões de consumo e da oferta de produtos nos diferentes países. Além disso, a derrubada das fronteiras nacionais, a intensificação do comércio e dos investimentos em nível mundial favoreceram inúmeras mudanças políticas, econômicas e sociais vivenciadas no país na atualidade (CAMARGOS, 2002).

Em relação ao impacto das alterações políticas e econômicas iniciadas com a Revolução de 1930, cabe evidenciar que simultaneamente com o estabelecimento do projeto de industrialização no país, a estrutura tributária com vistas ao financiamento pelo Estado também ganhou destaque no campo das políticas públicas de educação, saúde, previdência e assistência (POCHMANN, 2004). Entretanto, com a constatação de que projetos de industrialização, por si só, haviam sido insuficientes para engendrar processos socialmente excludentes, capazes de eliminar a pobreza e combater as desigualdades, também foram ampliadas as discussões teóricas entre crescimento e desenvolvimento (Ipea, 2010).

Desse modo, tem-se o entendimento de que a implementação das políticas públicas sociais no Brasil é reflexo de uma política ajustada às particularidades das democracias mais consolidadas do ocidente (HEIDEMANN & SALM, 2010), bem como estas apresentam-se inter-relacionadas com as ideias de progresso, desenvolvimento, Estado, mercado e os principais processos políticos que caracterizam a formulação, a implementação e a avaliação dos programas e projetos de desenvolvimento (FREY, 2000).

Hochman, Arretche & Marques (2007) complementam que até os anos 1970, o estudo do funcionamento das políticas públicas no aparelho estatal orientava para o desenvolvimento de uma nação, a partir da interpretação das bases sociais e suas relações com o sistema político. Todavia, tomando por base as ideias de Heideman & Salm (2010), por força da crise pela qual o mercado passou no período entre as duas guerras mundiais, o Estado e os mercados passaram a promover em conjunto o desenvolvimento da sociedade.

Sob a vertente de aplicação prática, os arranjos institucionais e os processos de negociação entre Executivo, Legislativo e sociedade civil para o desenvolvimento de políticas públicas brasileiras, no final do século XX e início do século XXI, apontam indícios para a existência de uma "instabilidade" nas políticas públicas que dificulta chegar a afirmações de caráter teórico com maior grau de generalização. Tal fato propicia inúmeros desafios na formalização, institucionalização, consolidação e implementação das políticas nos diferentes setores, instituições e órgãos (FREY, 2000; SOUZA, 2006).

Como exemplo da instabilidade que permeia a aplicabilidade de políticas públicas sobre bases teóricas, Frey (2000), ao estudar a política municipal no Brasil no final do século XX, identificou dificuldades inerentes ao conhecimento científico limitado quanto à configuração dos arranjos institucionais e das características dos processos políticos municipais; à autonomia financeira e administrativa como política; e às forças políticas atuantes na arena municipal. Em consonância, observou que há uma falta de consolidação e consumação da determinação política ideológica tanto do eleitorado, como também dos políticos, e até mesmo dos partidos.

Por outro lado, visões menos ideológicas também defendem que mesmo diante de limitações e constrangimentos, as capacidades das instituições governamentais de governar não são inibidas (FREY, 2000; SOUZA, 2006). Cabe salientar que o crescente interesse pelas políticas públicas está diretamente relacionado às mudanças recentes da sociedade brasileira, tais como a inovação e a experimentação em programas governamentais – resultantes da competição eleitoral, autonomia dos governos locais e dos programas de reforma do estado; e a oportunidade de participação aberta nas mais diversas políticas setoriais (ARRETCHE, 2003).

No Brasil, perante o projeto neoliberal de governo implementado a partir da década de 90, a gestão das políticas públicas é influenciada pelo chamado neoinstitucionalismo, o que atingiu significativamente as instituições públicas no que diz respeito à tomada de decisão, formulação, implementação e controle dos impactos (FREY, 2000; SOUZA, 2006). Houve a proposição da mercantilização do atendimento às necessidades sociais, com destaque para o processo de financeirização de parte significativa dos recursos públicos destinados à gestão das políticas públicas sociais (SILVA, 2012).

1.4 GESTÃO DAS POLÍTICAS PÚBLICAS E O DESENVOLVIMENTO SOCIAL

A gestão com participação social é uma das ações centrais para o exercício da autonomia e socialização da política efetivamente democrática (PASTORINI *et al.*, 2012). Nessa vertente, diante dos estudos e aprofundamentos sobre os aspectos conceituais do Estado e sua influência na gestão das políticas públicas, a partir daqui fomenta-se a reflexão acerca de fatores que permeiam a gestão participativa e democrática, e a importância da participação de órgãos públicos e da sociedade civil no planejamento, estruturação, discussão, implementação, avaliação e consolidação de forma efetiva.

Inicialmente, a compreensão das relações entre Estado, governo e participação da sociedade, no contexto de políticas públicas, permeia o entendimento da política pública propriamente dita como sendo responsabilidade do Estado. Entretanto, para sua implementação e manutenção é requerido um processo de tomada de decisão que envolve além do governo, os órgãos públicos, os diferentes organismos e os agentes da sociedade relacionados à política implementada (HÖFLING, 2011). Nesse sentido, Bobbio (1997, p. 152), destaca que "o bom governo é aquele em que os governantes são bons porque governam respeitando as leis ou aquele em que existem boas leis porque os governantes são sábios".

A representatividade e gestão dos governos é base para debates e discussões no campo da ciência, no que se refere às constantes relações entre a função governativa no Estado liberal e no Estado democrático. Do ponto de vista de Bobbio (1997), a melhor forma de governo democrático consiste primeiramente em avaliar não só a quantidade e o tipo de governantes, mas também o modo de governar. Dessa forma, há de se considerar um delineamento de forma de governo que contemple as virtudes e os defeitos advindos da monarquia, aristocracia e democracia, mas que, eventualmente, supere os contrastes entre elas, formando assim o chamado governo misto.

Sob os fundamentos da doutrina marxista, o governo democrático e/ou a democracia é entendido como a melhor forma de governo, no entanto, tal modelo só será possível sob a ótica do desenvolvimento econômico socialista. No que se refere ao Estado liberal, o discernimento da sua função requer a compreensão do papel de Estado e de governo a partir das relações entre a democracia e poder, uma vez que no ideal de Estado liberal, o poder é limitado, porém, não é necessariamente democrático. Já no governo democrático, o Estado é necessariamente liberal e o poder é distribuído (OLIVEIRA, 2007).

Silva (2012) complementa e ressalta que a efetivação dos direitos no Estado liberal limita-se à constitucionalização dos direitos naturais, ou seja, à transformação desses direitos em leis jurídicas, ou nos chamados direitos positivos, os quais devem ser respeitados e invioláveis. Assim, a consolidação do governo liberal pelos mecanismos do Estado de direito permeia diretamente a garantia à liberdade individual e à propriedade individual do cidadão.

O regime político reduziu muito a função governativa dos partidos correspondentes e sua função representativa também ficou minada (BOITO JR., 2007), a ponto de os diferentes setores sociais, diante da percepção de que o partido não é um instrumento importante de poder, acabarem por dirigir suas lutas e pressão diretamente para a burocracia de Estado. Desse modo, propõe-se a seguinte reflexão:

> No neoliberalismo brasileiro, não existe governo de partido, mas partido do governo. Os deputados do partido de onde saiu o Presidente da República funcionam como mera base de apoio do governo no Congresso Nacional, tendo de enquadrar-se em decisões políticas para cuja elaboração não foram nem sequer consultados. Foi assim com o Partido da Social Democracia (PSDB) nos dois governos FHC e está sendo assim, ao contrário do que muitos podiam esperar com o PT durante os dois governos Lula (BOITO JR., 2007, p. 69).

A partir da reflexão acima, e considerando o caráter regulador e empresarial destacado por Heideman & Salm (2010), observa-se que há um indicativo de instabilidade na política brasileira do século XXI, no que se refere à ausência de ações e tomadas de decisões de forma integradas e articuladas, especificamente quanto à atuação do governo na elaboração e implementação de leis de forma democrática.

É pertinente ressaltar que o neoliberalismo, enquanto arcabouço teórico e metodológico, surgiu na década de 1940, a partir de combates entre as teses *keysianas* e o ideário do Estado de bem-estar. No Brasil, a efetivação das políticas sociais é reflexo neoliberal de um modelo condicionado e dependente que prevê a cada indivíduo a garantia de seu bem-estar em vez da garantia do Estado de direito.

Nesse campo, Silva (2012) e Pastorini *et al.* (2012) estabelecem importantes relações entre o papel e responsabilidade do Estado e a participação social nas políticas públicas. Para Pastorini *et al.* (2012), à sociedade civil cabe o papel cooperativo na produção de serviços sociais e na gestação da denominada sociedade-providência, em substituição ao Estado-providência. Sob essa vertente, o fortalecimento do controle social por meio da atuação de conselhos setoriais de forma articulada e intersetorial é uma estratégia para a superação da fragmentação dos desmontes dos direitos sociais.

Souza (2006), ao utilizar a expressão "novo gerencialismo público", evidencia que as tentativas do Estado em implementar as políticas públicas sociais, em caráter participativo em vários países em desenvolvimento no mundo, possibilitaram a vivência de várias experiências de inserção de grupos sociais e/ou de interesses na formulação e acompanhamento das políticas sociais, principalmente no Brasil.

Nesse sentido, elaborar uma política pública significa definir *quem decide o quê, quando, com que consequências* e *para quem.* Isso porque tais definições estão diretamente relacionadas à natureza do regime político em que se vive, com o grau de organização da sociedade civil e com a cultura política vigente. Com base nisso, torna-se relevante a distinção entre "políticas públicas" de "políticas governamentais", pois nem sempre "políticas governamentais" são públicas, embora sejam estatais. Para serem "públicas", é preciso considerar a quem se destinam os resultados ou benefícios, e se o seu processo de elaboração é submetido ao debate público (TEIXEIRA, 2002).

De acordo com o pensamento de Souza (2006), as políticas públicas fundamentalmente necessitam ser constituídas como uma ação intencional abrangente, com objetivos a serem alcançados, que não se limita a leis e regras. O que se pretende é que sejam consolidadas e materializadas por meio dos governos mediante ações planejadas em longo prazo, mas com impactos em curto prazo. É necessário distinguir o que o governo pretende fazer do que de fato faz. Dentro do campo da política pública governamental, alguns modelos explicativos foram desenvolvidos para se entender melhor como e porque os governos fazem ou deixam de fazer alguma ação que repercutirá na vida dos cidadãos. Como modelos estudados, é importante destacar:

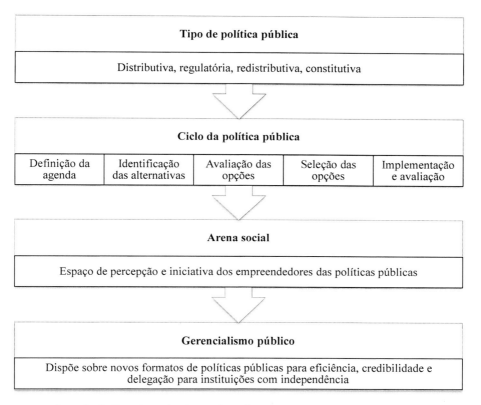

Fonte: adaptado de Frey (2000) e Souza (2006)

Para Heidemann & Salm (2010), o desenvolvimento eficiente das políticas públicas no Estado requer decisões formuladas e implementadas em conjunto às demais forças vivas da sociedade, sobretudo, às forças de mercado em sentido lato. Concomitantemente, é necessário estar atento às exigências do ciclo conceitual que compreendem pelo menos quatro etapas:

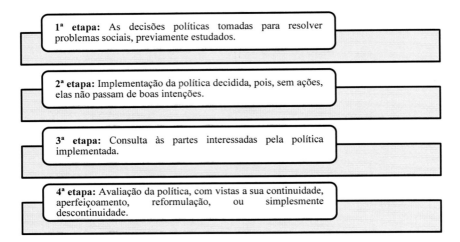

Fonte: adaptado de Heidemann & Salm (2010)

CAPÍTULO 2

AMAZÔNIA E O DESENVOLVIMENTO DAS POLÍTICAS SOCIAIS

O problema fundamental em relação aos direitos do homem, hoje, não é tanto o de justificá-los, mas o de protegê-los. Trata-se de um problema não filosófico, mas político.

(BOBBIO, 2004, p. 15)

2.1 PERSPECTIVAS DO DESENVOLVIMENTO NA AMAZÔNIA

A abordagem teórica e conceitual sobre o desenvolvimento na Amazônia tem sido disseminada sob perspectivas distintas. Com destaque, inicialmente contemplou uma vertente "desenvolvimentista", e, posteriormente, apresentou-se sob uma base "sustentável" (SANCHS, 2009; BECKER, 2009; VEIGA, 2010). Do mesmo modo, a compreensão dos aspectos históricos e socioeconômicos ligados a ocupação, colonização e crescimento da região amazônica são pilares essenciais para construção de uma base conceitual ligada ao desenvolvimento na Amazônia.

A partir desse ângulo, para fins de entendimento do conceito de desenvolvimento na região amazônica, é importante ressaltar que inicialmente esteve relacionada ao crescimento econômico, e, posteriormente, no século XXI, em sua lógica conceitual, tem-se dado ênfase à formação e representação de um tripé sobre o desenvolvimento na Amazônia pautado nas seguintes dimensões básicas: a ideia de desenvolvimento socialmente includente, ambientalmente sustentável e economicamente sustentado (SANCHS, 2009; BECKER, 2009; VEIGA, 2010).

Em relação ao caráter desenvolvimentista ligado ao crescimento econômico, cabe salientar e reconhecer que as características são provenientes do sistema capitalista predominante no Brasil e no mundo: como as transformações ocorridas no mundo, a exemplo a Segunda Guerra Mundial, a revolução industrial e a globalização; os avanços tecnológicos do capitalismo; o impacto demográfico, social e cultural e a ocupação desordenada na Amazônia; e as mudanças na infraestrutura, no setor de transportes, energia e comunicações ocorridas no país (BRASIL, 2008).

Nessa vertente, cabe salientar, com base na visão de Becker (1999), que na ótica desenvolvimentista, o processo de ocupação da Amazônia foi intensamente afetado e marcado por diferentes estratégias que foram consideradas prioritárias em termos de exploração econômica da região. Primeiramente, a modernização da estrutura produtiva e o crescimento da economia regional constituíram-se como legados dessa ocupação. Posteriormente, nas últimas três décadas, a urbanização e a industrialização ocuparam lugar de destaque e contribuíram para o alcance de índices elevados de crescimento urbano.

Os resultados da perspectiva desenvolvimentista foram extremamente limitados e maléficos para os recursos naturais e potenciais da Amazônia. Em razão disso, a reversão desse processo conflitivo, que marcou sua ocupação, acabou por exigir um padrão de desenvolvimento socialmente justo, ambientalmente sustentável e economicamente eficaz, para fins de atender as novas demandas regionais, nacionais e globais (BECKER, 1999; VEIGA, 2010).

Como estratégias para o desenvolvimento regional, na década de 90, o Governo Federal adotou medidas relacionadas à criação dos eixos de integração e desenvolvimento na tentativa de conciliar produção, conservação ambiental e integração da Amazônia com o resto do país e com o mercado mundial (BECKER, 1999; IPEA, 2009; 2010; VEIGA, 2010). Por meio dos eixos de integração e desenvolvimento, definiram-se as políticas de investimento em obras de infraestrutura. Assim, foram direcionados os investimentos públicos, privados, nacionais e internacionais para implantação e pavimentação de estradas, bem como em projetos na área energética.

Além disso, esses mesmos eixos contribuíram para criar um novo desenho ampliado do macrozoneamento regional e, a partir da integração terrestre e fluvial do território, foram formados os eixos de transporte e infraestrutura que permitiram a concentração da população migrante, a formação de núcleos urbanos, e consequente pressão sobre o meio ambiente a qual está intimamente ligada ao desmatamento, à queimada e a conflitos fundiários.

Sob essa ótica, é pertinente ressaltar que, do ponto de vista político e econômico, a criação dos eixos de integração e desenvolvimento na década de 90 atendeu à pretensão do governo em relação à inserção competitiva do Brasil no cenário internacional, alinhada ao interesse de redução das disparidades econômicas entre os estados. Assim como também, contribuiu para retomar os investimentos produtivos internos e externos, redefinindo o papel do Estado (BECKER, 1999; IPEA, 2009; 2010).

Nessa vertente, a opção pelas obras de infraestrutura como estratégia para o desenvolvimento na década de 90, embora significasse, por um lado, a reiteração do padrão concentrado na vida regional, dependia de uma série de políticas e medidas integradas que precisariam levar em consideração o contexto histórico e a complexidade vivenciada na região amazônica (BECKER, 1999).

Do ponto de vista do uso dos recursos naturais e potenciais da região da Amazônia, constata-se a existência de fases distintas de utilização desses recursos. Na primeira fase, houve o incentivo para plantações de frutas tropicais por meio do uso da indústria de biodiversidade e biomassa, bem como por meio do ecoturismo. A segunda fase é marcada pelas oportunidades econômicas para o desenvolvimento da aquicultura em geral, piscicultura, geração de energia em pequenas hidrelétricas, modernização das frotas de navegação fluvial, construção de redes de abastecimento para o consumo residencial econômico e produção agrícola. A terceira fase do desenvolvimento é marcada pelo surgimento dos grandes projetos de exploração de minérios nos garimpos que impactaram profundamente os estados da região (BECKER, 1999; IPEA 2009; 2010).

A agropecuária desenvolvida em áreas limitadas, que ofereciam condições propícias, marca o início da quarta fase potencial do desenvolvimento. É o caso das várzeas que, fertilizadas sazonalmente pelas cheias dos rios, merecem ser pensadas em termos de uma agricultura moderna, além da melhoria da criação de búfalos que aí já se efetua em alguns locais. Nesses termos, é pertinente evidenciar que a pecuária de corte, pesadelo das décadas de 70 e 80, pode ser considerada uma atividade lucrativa – se realizada em moldes racionais e, preferencialmente, em áreas que já foram desflorestadas (BECKER, 1999).

De acordo com Castro (2007), a perspectiva do desenvolvimento sustentável é um conceito mal definido. Na prática, inspira projetos pequenos e, quase sempre, mais conservadores do que conservacionistas. Além disso, o autor tece críticas ao modelo agrário que, somado aos grandes projetos de mineração, geração de energia e implantação de indústrias, representa uma forma de ocupação estigmatizada, na qual predomina uma posição atrasada e corporativa.

Becker (2009) chama a atenção quanto ao uso do caráter "sustentável" como uma bandeira em que todos atribuem significados diferentes, e evidencia que ainda não é um conceito claro e operacional, mas, em termos de desenvolvimento, é harmonizar o crescimento econômico à inclusão social e à conservação ambiental. Na visão de Castro (2007), acrescenta-se o fato que, na região amazônica, predominou o desenvolvimento de um planejamento regional superficial, em que a gestão governamental praticamente inexistiu, visto que o processo de ocupação territorial da região ocorreu de forma caótica e priorizou modelos de ocupação pautados no desmatamento e pecuária extensiva.

Diante do exposto, a reflexão que permeia os aspectos conceituais do desenvolvimento sustentável, os modelos de planejamento e de gestão governamental implementados na Amazônia, no decorrer das décadas, corrobora para inúmeras críticas, em esfera nacional e internacional, quando analisados os vários problemas sociais e impactos ambientais advindos das queimadas, de extração descontrolada de madeira e do extermínio de espécies nativas.

Tal situação deve-se ao fato de que o desenvolvimento amazônico, em sua fase inicial, caracterizou-se pela viabilização de estratégias que possibilitassem maximizar ganhos imediatos (Ipea, 2010). Dessa forma, os eixos de integração e desenvolvimento da Amazônia foram apontados como importantes componentes da política territorial da região e tornaram-se estratégias decisivas para o desenvolvimento da região, pois buscaram atrair investimentos, imigrantes, bem como intensificaram a pressão sobre a floresta, ao mesmo tempo que foram responsáveis por abrir novas oportunidades econômicas para a população amazônica (BECKER, 1999).

2.2 BASES PARA O DESENVOLVIMENTO DAS POLÍTICAS PÚBLICAS SOCIAIS

No âmbito das políticas sociais, mediante a consolidação do projeto neoliberal de governo em 1990 no Brasil, o Estado assumiu apenas o papel de regulador social. Assim, foram sendo criadas esferas públicas não estatais financiadas de forma parcial ou total pelo Estado, que exercem funções públicas e obedecem às leis do mercado e não aos princípios constituintes. Tendo em vista que a concepção de direito social de cidadania foi substituída pelo discurso de solidariedade social, e com particular parceria das Organizações Não Governamentais – ONGs, por meio do projeto de Parceria Público-Privado – PPP (SILVA, 2012).

Diante desses olhares, cabe ressaltar:

> Em realidade, o Estado brasileiro não tem assumido a contento sua responsabilidade na promoção dos direitos sociais, optando por intervenções focais, emergenciais, destinadas principalmente a grupos de riscos. Ainda que essas intervenções sejam necessárias nesse contexto de carências agudas, o Estado tem como dever primordial implementar políticas extensivas, universais e emancipatórias que garantam níveis de bem-estar social (SILVA, 2012, p. 36).

Do mesmo modo, vislumbra-se, a partir das contribuições teóricas do autor, a presença marcante no país de um governo assistencial, que tem como paradigma o trato compensatório da pobreza. E, com esse mecanismo, conforme defende o próprio autor, almeja-se manter patamares assistenciais e compensatórios em baixos níveis de gastos com as políticas públicas sociais de corte focal e emergencial.

Segundo Pochmann (2004), a fragmentação do gasto social com ações setorizadas implica somas elevadas no custo-meio das operações das políticas públicas e, na maior parte das vezes, concentram-se em medidas de natureza assistencial. Além disso, a atuação das políticas sociais no Brasil é operada por um padrão de gestão pública ultrapassada, em que permanece o clientelismo e paternalismo de tais políticas, que influenciam diretamente na perspectiva de emancipação social e econômica necessária a sociedade brasileira.

No campo do desenvolvimento, para compreensão e dos fatores que culminaram com o surgimento das políticas sociais, é importante retomar as reflexões realizadas no capítulo anterior, que tratam dos padrões de ocupação amazônica como resultados de reflexos históricos, políticos e sociais do capitalismo. Como ponto de partida, para entendimento das aplicações dessas políticas, há de se considerar que perpassam pelo viés de atender aos interesses econômicos, os direitos sociais, bem como obedecem às mudanças ocorridas nas distintas fases do processo desenvolvimentista ocorrido no Brasil (BRASIL, 2008, IPEA, 2009; 2010).

Conforme Castro (2007), historicamente, o processo de ocupação da Amazônia seguiu o curso dos rios. A geopolítica portuguesa, as drogas do sertão, a escravização de índios e, mais tarde, a exploração da borracha impulsionaram essa piracema humana. A partir do século XX, a região viveu uma nova forma de ocupação, ao sul e a leste, estando cercada de cerrados e caatingas. Como áreas de expansão da fronteira agrícola, a floresta sofreu as primeiras significativas ondas de colonização a partir dessas vizinhanças, e, por conseguinte, a construção de Brasília e de uma rede de rodovias.

Nessa perspectiva, as políticas sociais foram introduzidas no Brasil a partir da abolição da escravatura e da implantação do regime republicano, em 1888, sob o ponto de vista de proteção social. Adiante, com a depressão econômica de 1929, houve no Brasil uma nova fase de avanço nas atividades produtivas e no desenvolvimento do sistema de proteção social. Nos anos de 1930 a 1980, a proteção social ganhou importância a partir do crescimento nacional da estrutura produtiva de base industrial. contudo, tal situação mostrou-se insuficiente para que o país combinasse crescimento econômico com a redução dos níveis de pobreza, a homogeneização do mercado de trabalho e a desigualdade social de forma significativa (POCHMANN, 2004).

No cenário histórico, as discussões em torno da consolidação das políticas públicas sociais têm suas raízes em movimentos populares, voltados aos conflitos surgidos entre capital e trabalho e no desenvolvimento das primeiras revoluções industriais (HÖFLING, 2011). Todavia, é pertinente mencionar que tais discussões iniciadas no século XIX foram intensificadas com a globalização, um fenômeno que colocou em evidência o intercâmbio e a interação entre os povos. E, com isso, contribuiu para o surgimento de uma série de contradições, divergências e desigualdades sociais, como o aumento do desemprego estrutural, a exclusão social, o aumento da pobreza e as guerras políticas e religiosas (PIANA, 2009).

Na tentativa de atenuar as desigualdades e contradições postas pela lógica do capitalismo, a consolidação do chamado Estado de bem-estar social aparece como um mecanismo político e econômico que pode garantir a reprodução de um sistema a partir da formação de um aparato ideológico, que neutraliza e perpetua o modelo de sociedade em três pilares: pleno emprego masculino; universalização dos direitos sociais; e assistência social (PIANA, 2009). No entanto, os avanços na consolidação das políticas sociais de um Estado de bem-estar social, na prática, reproduziram algumas lacunas que permearam a estagnação produtiva e o ciclo de financeirização da riqueza, acompanhados também da desestruturação do mercado de trabalho e desenvolvimento das políticas de corte neoliberal (POCHMANN, 2004).

É pertinente ressaltar que embora o neoliberalismo, enquanto arcabouço teórico e metodológico tenha surgido na década de 1940, a partir de combates entre as teses *keysianas* e o ideário do Estado de bem-estar, no Brasil, a efetivação das políticas sociais é reflexo neoliberal de um modelo condicionado e dependente, que prevê que cada indivíduo garanta seu bem-estar em vez da garantia do Estado de direito (PIANA, 2009). Com a promulgação da Constituição Federal de 1988, a garantia do bem-estar da população foi conquistada por meio da universalização de direitos e serviços públicos. Houve no Brasil a constitucionalização dos direitos sociais, como condição para ofertar mais conteúdo ao desenvolvimento brasileiro (PIANA, 2006; HOCHMAN, ARRETCHE & MARQUES, 2007; Ipea, 2009).

Tal conquista constitui marco legal para ampliação social dos direitos no campo da educação, saúde, assistência, previdência social, trabalho, lazer, maternidade, infância e segurança, entre outros (PIANA, 2006). No entanto, o ideal republicano que prevê a conquista de políticas sociais de forma igualitária e universal por parte dos cidadãos brasileiros a partir da carta constitucional de 1988, é também conhecida como constituinte cidadã, que nem sequer foi implementada em virtude do desmonte dessa política nos de 1990, em prol da instituição do projeto neoliberal de governo (SILVA, 2012).

Com a implantação do projeto neoliberal de governo, o Estado buscou controlar a inflação mediante a abertura comercial internacional para fins de ampliação da competitividade, a privatização de grandes empresas governamentais, a desregulamentação financeira e dos mercados de trabalhos, bem como objetivou controlar os gastos públicos e o papel do Estado brasileiro. Contudo, a estrutura produtiva do país ficou atravessada pela internacionalização, o que contemplava desde o agronegócio, a redes automotivas, bancos e até as grandes empresas de prestação de serviços essenciais (CARLEIAL, 2004; BOITO JR, 2007).

No cenário mundial, nos anos 1990, houve o lançamento do Índice de Desenvolvimento Humano (IDH) pelo Programa das Nações Unidas para o Desenvolvimento (Pnud). Assim, a ONU passou a divulgar anualmente o IDH que permite a análise do desenvolvimento em três dimensões: renda, longevidade e escolaridade da população (VEIGA, 2010). A análise do IDH caracterizou-se como um marco para avanços na ótica do desenvolvimento no século XXI. À medida que os relatórios do IDH eram publicados, surgiam questionamentos quanto à importância do estabelecimento de indicadores que possibilitassem o desenvolvimento de ações no que diz respeito ao desenvolvimento de forma mais ampla.

Como exemplo disso, surgiu o Índice de Desenvolvimento Humano Municipal (IDHM), que mede os três componentes citados anteriormente na esfera municipal. O Índice de Desenvolvimento Social (IDS) mede cinco componentes, sendo: expectativa de vida ao nascer; taxa de sobrevivência ao nascer; taxa de alfabetização; indicadores de escolaridade; e trabalho e rendimento. Já o DNA Brasil é um indicador que mede o desenvolvimento a partir de 10 componentes: bem-estar; economia; competitividade econômica; condições socioambientais; educação; saúde, proteção social; saneamento básico; e inserção social (VEIGA, 2010).

Sob a vertente de aplicação teórica e prática das políticas sociais, a participação da sociedade civil, alinhada ao desenvolvimento de ações intersetoriais entre instituições, órgãos e governos, é crucial para o planejamento, elaboração, implementação e avaliação destas. Principalmente para levantamento do impacto dos indicadores sociais para o desenvolvimento local, regional e nacional. Como exemplo aplicado, é pertinente evidenciar os procedimentos adotados pelo IBGE, órgão responsável pelo levantamento e diagnóstico dos indicadores sociais do padrão de vida da população brasileira no ano de 2021.

Em 2021, o IBGE, além de recorrer a fontes de informação e/ou banco de dados internos de sua responsabilidade, como a Pesquisa Nacional por Amostra de Domicílios Contínua (PNnad); Sistema de Contas Nacionais (SCN); Pesquisa Nacional por Amostra de Domicílio (Pnad) Covid-19; Pesquisa Nacional de Saúde Escolar (PeNSE); Pesquisa Nacional de Saúde (PNS); e a Pesquisa de Orçamentos Familiares (POF), também recorreu a fonte de dados externos. Dentre elas encontram-se o Censo Escolar da educação básica, a cargo do Instituto Nacional de Estudos e Pesquisas Educacionais Anísio Teixeira (INEP); o Sistema de Informações de Beneficiários (SIB), da Agência Nacional de Saúde Suplementar (ANS); o Cadastro Nacional de Estabelecimentos de Saúde (CNES); e o Sistema de Informações sobre Mortalidade (SIM), estando os dois últimos sob a responsabilidade do Ministério da Saúde.

2.3 POLÍTICAS PÚBLICAS SOCIAIS NA AMAZÔNIA

No cenário amazônico, a relevância das políticas públicas sociais para o desenvolvimento pode ser percebida frente ao elevado grau de urbanização, ao ritmo de crescimento, à pobreza da população migrante e à falta de recursos dos governos municipais e estaduais. Ademais, a crise econômica e fiscal, associadas às características ambientais tropicais e urbanas presentes nas inúmeras cidades da região norte (BRASIL, 2008; Ipea, 2010), corrobora para que a região da Amazônia enfrente, na contemporaneidade, problemas ambientais e sociais ainda mais graves do que nas regiões mais desenvolvidas.

Outro ponto importante, diz respeito que as mudanças e transformações históricas e socioeconômicas que ocorreram no Estado brasileiro nos anos de 1990 contribuíram sobremaneira para redefinir as bases de importância nacional para a política territorial e o desenvolvimento social da Amazônia. Como mudanças marcantes, em resposta à pressão internacional e à demanda organizada da sociedade civil, o Governo Federal estabeleceu diretrizes políticas para o Zoneamento Ecológico Econômico (ZEE) do território nacional com prioridade para a Amazônia Legal.

A partir do estabelecimento do ZEE na Amazônia Legal, surgiram importantes componentes da política territorial implementada por intermédio da criação do Ministério do Meio Ambiente, da Amazônia Legal, e da Secretaria de Coordenação dos Assuntos da Amazônia Legal, criada em 1995. A elaboração da Política Nacional Integrada para Amazônia Legal constituiu marco para a abordagem dos princípios de desenvolvimento sustentável adequado à região e pautado na articulação intragovernamental com a sociedade civil (BECKER, 1999).

A Amazônia Legal corresponde à área de atuação da Superintendência de Desenvolvimento da Amazônia (Sudam), delimitada pelo Art. 2º da Lei complementar n.º 124, de 03 de janeiro de 2007, que abrange os estados do Acre, Amapá, Amazonas, Mato Grosso, Rondônia, Roraima, Tocantins, Pará e Maranhão, em sua porção a oeste do Meridiano 44º, com a finalidade de promoção do desenvolvimento includente e sustentável de sua área territorial, prestação de serviços públicos e integração competitiva da base produtiva regional na economia nacional e internacional (BRASIL, 2007).

De acordo com o IBGE, é formada por uma área de 58,9% do território brasileiro (aproximadamente 5.015.067 km de superfície), composta de 772 municípios, sendo 52 no estado de Rondônia; 22 no do Acre; 62 no do Amazonas; 15 no de Roraima; 144 no do Pará; 16 no do Amapá; 139 no de Tocantins; 141 no de Mato Grosso; e 181 no do Maranhão.

Historicamente, sua delimitação geográfica e política aconteceu em meados do século XX. Em 1953, pela Lei 1.806, de 06 de janeiro de 1953, determinou-se as áreas envolvidas, bem como criou-se a superintendência e o plano de valorização econômica da região. A área territorial inicial compreendia os estados do Amazonas, Pará e os territórios federais do Acre, Amapá, Guaporé e Rio Branco. Pertencia também à Amazônia Legal uma parte norte dos estados do Mato Grosso e do Goiás, além de uma porção oeste do estado do Maranhão (BRASIL, 1953).

Com o advento da Lei 5.173, de 27 de outubro de 1966, houve mudanças na distribuição política em relação à inserção do estado do Acre e à integração do território de Roraima. Foi extinta a Superintendência do Plano de Valorização Econômica da Amazônia (SPVEA) e criada a Superintendência do Desenvolvimento da Amazônia (Sudam) com o Plano de Valorização Econômica da Amazônia. O objetivo era promover o desenvolvimento autossustentado da economia e o bem-estar social da região amazônica, de forma harmônica e integrada à economia nacional. Em 1977, é criado o estado de Mato Grosso do Sul pelo desmembramento de área do estado de Mato Grosso. Por meio da Lei complementar 31, de 11 de outubro de 1977, o estado de Mato Grosso passa a integrar a Amazônia Legal (BRASIL, 1966; 1977).

Com relação aos indicadores sociais do desenvolvimento na Amazônia, tomando por base o Índice de Desenvolvimento Humano (IDH) do Programa das Nações Unidades para o Desenvolvimento (PNUD) nos estados da federação brasileira, por regiões, observou-se respectivamente que as regiões Nordeste e Norte apresentam os menores IDH quando comparados às regiões Centro-Oeste, Sul e Sudeste. Com destaque para região Sudeste que historicamente apresenta nível socioeconômico mais elevado, tendo também maior urbanização. Os resultados de 2010 confirmam essa tendência e mostram grau de urbanização de 92,9%, sem diferenciais para os grupos etários analisados. As regiões Nordeste e Norte seguem tendência de menor proporção de população (73,1% e 73,5%, respectivamente) que vive em áreas urbanas (IBGE, 2010).

No caso específico da Amazônia Legal, os estados com maiores IDH foram: o estado do Mato Grosso (0,725), na região Centro-Oeste; seguido dos estados do Amapá (0,708); Roraima (0,707); e Tocantins (0,699) na região Norte. O estado de Rondônia ocupa a quarta posição no Norte e quinta na Amazônia Legal. Cabe ressaltar que o IDH, enquanto indicador de qualidade de vida, tradicionalmente aponta para o fato de que o desenvolvimento nas regiões Nordeste e Norte encontra-se abaixo da média nacional (IBGE, 2010). Conforme dados estatísticos de Brasil (2008), especificados no Plano Amazônia Sustentável (PAS), oito dos nove estados pertencentes à região amazônica apresentaram IDH inferior à média nacional (0,753), com exceção do estado do Mato Grosso, cujo IDH é (0,773).

Na perspectiva do desenvolvimento social, outros indicadores também são considerados em áreas diversificadas, como a educação e a saúde. Por exemplo, as taxas de analfabetismo contribuem no diagnóstico de formas de exclusão social, sendo uma das mais severas na sociedade contemporânea. Logo, sua erradicação é uma das metas constantes dos governos, e também um grande desafio a ser vencido pelos países em desenvolvimento. No campo da saúde, a expectativa de vida ao nascer e taxa de mortalidade infantil (crianças com menos de 1 ano) são universalmente utilizadas para indicar as condições de saúde e vida da população.

Dados do IBGE, apresentados com a publicação da síntese de indicadores sociais, fornecem uma análise das condições de vida da população brasileira, para o ano de 2021, a partir de cinco eixos fundamentais e complementares para diagnóstico, sendo eles: estrutura econômica e mercado de trabalho; padrão de vida e distribuição de rendimentos; educação; habitação; e saúde. Com base nesses eixos, vislumbra-se um caminho teórico-prático para o conhecimento amplo da realidade social do país e de seus habitantes, bem como para o acompanhamento e desenvolvimento integrado de indicadores atualizados sobre temas considerados relevantes para o desenvolvimento social do Brasil (IBGE, 2021).

Nessa ótica, tomando por base na Pesquisa de Orçamento Familiar (POF) realizada em 2017-2018, o organograma abaixo exemplifica a ordem de prioridade dos eixos fundamentais na população brasileira em relação a despesa monetária e não monetária média mensal familiar per capita de consumo. Com destaque, despesas com habitação, transporte, alimentação, saúde e educação, estão dentre as cincos prioridades do brasileiro.

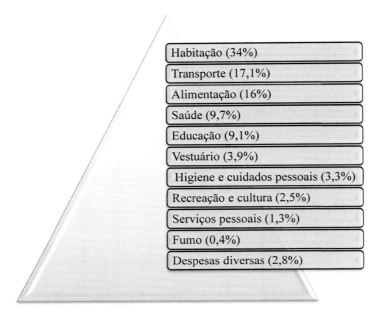

Fonte: Pesquisa de Orçamento Familiares (POF), 2017-2018

A prioridade na escala de gastos da família brasileira para habitação, alimentação, saúde e educação nos dados apresentados pelo POF revela fatores importantes no ponto de vista do desenvolvimento social. No que diz respeito às condições de vida da população mais vulnerável, no arranjo per capita por família, por motivos diversificados como, por exemplo, a restrição de acesso aos serviços de saúde. Isso porque, em termos regionais, há uma predominância de restrição concentrada na região Norte (28,3% da população) e Nordeste (35,5%), mas com diversidade de situações dentro das regiões (IBGE, 2021). Além disso, a percepção e a autoavaliação do estado de saúde, do estilo de vida e do acometimento por doenças crônicas degenerativas da população (Vigitel, 2020) tem se revelado um importante pilar para o diagnóstico do impacto no desenvolvimento das políticas públicas.

CAPÍTULO 3

ATIVIDADE FÍSICA, POLÍTICAS PÚBLICAS E O DESENVOLVIMENTO REGIONAL

A discussão do tema políticas públicas tem recebido contínuas contribuições de pesquisadores das áreas de Ciências Sociais, Ciência Política, Serviço Social, dentre outras. Contudo, ainda que se admita a existência de atenção ao estudo do tema, é importante ressaltar que diferentes áreas dedicam-se e/ou concentram-se em promover debates relacionados ao trabalho e à economia, que podem desembocar, inclusive, para setores como saúde e educação, mas acabam por esquecer e/ou não se projetam para o esporte e lazer (BANKOFF & SAMAI, 2011), bem como apresentam lacunas no oferecimento da atividade física sistematizada.

Nesse sentido, neste capítulo, a proposta inicial é refletir acerca dos conceitos e da importância atribuída para o esporte e a atividade física na sociedade, tendo em vista a existência de diferentes nomenclaturas e particularidades atribuídas ao esporte e atividade física no âmbito das políticas públicas, em consonância com a presença de certo desconhecimento e/ou confusão conceitual do que vem a ser atividade física, exercício físico e esporte, e como estes temas se relacionam.

Por conseguinte, a compreensão e a distinção conceitual da atividade física, exercício físico e esporte, reconhecendo suas principais características, diferenças e tipos, mostra-se relevante no campo das políticas públicas para atuação do gestor público e dos profissionais da área, uma vez que implica diretamente no planejamento, formulação e implementação de programas, projetos e/ou ações voltadas para saúde, lazer e qualidade de vida da população.

Do mesmo modo, a reflexão em torno do universo da atividade física, do esporte e do lazer na ótica da saúde e do desenvolvimento é relevante para se estabelecer relações e reflexões acerca dos efeitos e aplicação da gestão participativa, intersetorial e a perspectiva de integração no campo das políticas sociais de saúde pública que impactam diretamente na promoção da atividade física e na adoção de hábitos saudáveis.

3.1 DIMENSÃO DA ATIVIDADE FÍSICA: PERSPECTIVAS E DIFERENÇAS

Na sociedade contemporânea, a prática da atividade física no meio acadêmico contempla diferentes aspectos, conceitos e formas. É comum observar associações com as práticas corporais (MORETTI *et al.*, 2009; MALTA *et al.*, 2009) como atividade de lazer e inclusão social (MARQUES, GUTIERREZ & ALMEIDA, 2011); como fonte de qualidade de vida, prevenção, intervenção e tratamento de doenças (SOUZA, 2006; ZAMAI *et al.*, 2011; HALLAL *et al.*, 2010); e como aspecto essencial para a manutenção da saúde e adoção de um estilo de vida saudável (MORETTI *et al.*, 2009; MALTA *et al.*, 2009; BARROS; CATTUZZO, 2009; NAHAS, 2010; HALLAL *et al.*, 2010; COSTA *et al.*, 2012).

Na vida diária, a atividade física pode ser categorizada em atividades ocupacionais, esportivas, de condicionamento, condicionado e lazer. Sob esta ótica, a mesma tem sido disseminada de forma acentuada na sociedade nos mais variados locais, como praças, clubes, ruas, escolas, entre outros. Sua prática geralmente está associada a atividades do cotidiano, lazer e trabalho. Todavia, na literatura, o conceito e as características da atividade física apresentam variações significativas e importantes.

Do ponto de vista conceitual, há um consenso de que a atividade física é definida como qualquer movimento corporal produzido pelos músculos esqueléticos que resulta em gasto energético (CASPERSEN, POWELL E CHRISTENSON, 1985; PITANGA, 2010; NAHAS, 2010). Enquanto o exercício é considerado um subconjunto da atividade física, que é planejado, estruturado e repetitivo, e tem como objetivo a melhoria ou manutenção da aptidão física (CASPERSEN, POWELL E CHRISTENSON, 1985). Em relação ao esporte, existem relações expressivas com as competições esportivas (rendimento e alto rendimento) e com o aspecto educacional, na perspectiva de lazer (CASTELLANI FILHO, 1994; TUBINO, 1996, 1997; BASTOS, 2008).

A partir desses conceitos, a atividade física, o exercício físico e o esporte não devem ser entendidos como sinônimos, uma vez que o exercício físico requer que a atividade física seja, repetitiva, planejada, estruturada e, portanto, demanda um acompanhamento por um profissional de Educação Física. Entretanto, é comum as pessoas confundirem exercício físico e atividade física (ROBERGS & ROBERTS, 2002; NAHAS, 2010). De acordo com Robergs e Roberts (2002), a separação entre o que é exercício físico intencional organizado e a atividade física é complicada. Entretanto, ainda segundo os autores o exercício físico consiste em uma "atividade realizada com objetivo de melhorar, manter ou expressar um tipo específico de aptidão física". Já a atividade física consiste na "atividade realizada pelo corpo com objetivos diferentes do desenvolvimento específico da aptidão física".

Pitanga (2010) complementa e enfatiza que o exercício físico, além de ser uma atividade repetitiva, planejada e estruturada, tem por objetivo a manutenção e a melhoria de um ou mais componentes da aptidão física. E, ainda que seja comum observar as pessoas com práticas de atividades físicas em academias e clubes, estas só podem ser consideradas exercício físico desde que sejam respeitados os princípios de treinamento (frequência, duração e intensidade) e haja o planejamento e o acompanhamento de um profissional habilitado.

Partindo da caracterização "gasto energético acima dos níveis de repouso" e "movimento corporal" (NAHAS, 2010), inicialmente, há um entendimento que considera, integra e relaciona diretamente a atividade física, exercício físico e esporte a partir do "gasto de energia" e do "movimento corporal". Porém, é importante considerar também que, no meio acadêmico, existem nomenclaturas e conceitos para ambos, sob os quais estão explícitas diferenças e/ou particularidades que devem ser ponderadas no que se refere a tipo, frequência, volume e intensidade da atividade e, principalmente, quanto a objetivos, acompanhamento e orientação profissional (ACSM, 2000; ROBERGS & ROBERTS, 2002).

sob outra vertente, observa-se que há um grupo de autores que relacionam a atividade física em conformidade com a inserção do indivíduo no meio social (trabalho, cotidiano, transporte e lazer) e, desse modo, caracteriza a atividade física em quatro grupos: atividades ocupacionais (trabalho); atividades de vida diária (cotidiano); atividades de deslocamento (transporte); e atividades de lazer (PITANGA, 2010; NAHAS, 2010).

Tratando-se de esporte, Marques, Gutierres, Almeida (2010) salientam que a noção e as formas de percepção de qualidade de vida em muito se relacionam e, até em certos casos, se confundem com a prática de atividade física e, mais especificamente, do esporte. Desse modo, é comum as pessoas confundirem atividade física e esporte como sendo atividades exclusivamente inerentes ao lazer, tendo em vista importância deste como forma de transmissão e transformação sociocultural, somado ao destaque da atividade física como um meio e um indicador de saúde que contribui para manutenção e promoção da saúde, capaz de ampliar a expectativa de vida e diminuir os custos e despesas médicas hospitalares com doenças associadas ao estilo de vida negativo.

3.2 ATIVIDADE FÍSICA, SAÚDE PÚBLICA E O DESENVOLVIMENTO

O desenvolvimento econômico das décadas de 50 a 80, no Brasil, influenciou a adoção de um estilo de desenvolvimento autárquico ou voltado "para dentro", que se apoiou na proteção generalizada do mercado interno e nos controles cambiais. Além disso, os incentivos fiscais concedidos pelo Governo Federal tiveram o propósito de estimular as atividades voltadas para a exportação em benefício das empresas privadas (BRASIL, 1974).

Tal modelo de desenvolvimento marcou uma importante mudança na política governamental brasileira, que passou a priorizar as grandes companhias agroindustriais, a produção agropecuária e os projetos de colonização privada, associados aos investimentos em infraestrutura e em extração e beneficiamento de minerais. Como consequência disso, houve a expansão das grandes concentrações urbanas, o uso de máquinas que poupam esforços e a redução de espaços livres.

No âmbito da saúde pública, a atividade física, enquanto característica inerente ao ser humano com dimensões biológica e cultural, representa um tema interdisciplinar e complexo que tem atraído a atenção de pesquisadores, da mídia e da saúde pública em todo o mundo nas últimas décadas, principalmente devido à presença marcante do sedentarismo como fator de risco para saúde. Considera-se sedentário um indivíduo que tenha um estilo de vida com um mínimo de atividade física, equivalente a um gasto energético (trabalho, lazer, atividades domésticas e locomoção) inferior a 500 kcal por semana. Para uma pessoa ser considerada moderadamente ativa, ela deve realizar atividades físicas que acumulem gasto energético semanal de, pelo menos, 1000 kcal (NAHAS, 2010).

Ademais, o estímulo à vida sedentária como símbolo de status social acabou por contribuir para ao desenvolvimento de um ambiente ideal para as chamadas doenças da civilização, associadas à inatividade (NAHAS, 2010). Na mesma linha de pensamento, chama-se a atenção que, frente à revolução industrial, o interesse das classes dominantes pela saúde da população foi reforçado. Todavia, este fato não ofereceu garantia de condições mínimas de saúde, uma vez que o bem-estar e a saúde relacionavam-se diretamente com a certeza de aumento da produção, força de trabalho, consumo e mercado (FARINATTI; FERREIRA, 2006; GUARDA; MARIZ; SILVA, 2009).

À medida que surgiram novas tecnologias do mundo moderno, aumentaram os desafios e impasses na forma de viver em sociedade. Cresceram os indicativos de doenças associadas aos maus hábitos de vida (sedentarismo, alimentação inadequada, níveis elevados de estresse, fumo, entre outros), principalmente as doenças crônicas degenerativas (GUARDA; MARIZ; SILVA, 2009). Desse modo, cabe enfatizar que, no Brasil, a maior parte dos casos de doença e morte prematura apresenta como causa direta as condições desfavoráveis de vida e estilo de vida negativo, tais como citados anteriormente (NAHAS, 2001; FARIAS; SALVADOR, 2005; BRASIL, 2006).

Na segunda metade do século XX, as mudanças demográficas e epidemiológicas que ocorreram no Brasil culminaram com a necessidade de uma agenda prioritária de novas ações em saúde coletiva, especialmente em função da prevenção relativa das Doenças Crônicas Não Transmissíveis (DCNTs). Uma destas prioridades consistiu na incorporação da atividade física nas políticas de saúde pública, uma vez que comprovadamente a prática regular de atividade física é indicada para promover a saúde individual e coletiva (ANDRELLO *et al.*, 2012).

Do ponto de vista epidemiológico, com o advento da Política Nacional de Saúde Pública, em 2006, a atividade física foi inserida na agenda de saúde como sendo prioridade em programas e projetos no cenário brasileiro. Em face disso, houve uma expansão de estudos científicos e institucionais para fins de levantar os indicadores e fatores determinantes do estilo de vida negativo nas diferentes faixas etárias e nos distintos grupos e classes sociais, alinhados à necessidade de diagnosticar as condições e a demanda de espaços públicos existentes para prática de atividade física com autonomia.

Segundo a Agência Nacional de Saúde (ANS) (2007), o estilo de vida negativo consiste no fator isolado mais importante na determinação da mortalidade por todas as causas. A inatividade física é responsável por quase dois milhões de mortes. Em contrapartida, se os fatores de risco fossem eliminados a partir de mudanças no estilo de vida, pelo menos, 80% das doenças do coração, derrames e diabetes tipo II poderiam ser evitadas, bem como haveria diminuição dos custos médicos e hospitalares, além de melhoria da qualidade de vida das pessoas (FARIAS; SALVADOR, 2005; BRASIL, 2006).

Com o advento da Política Nacional de Promoção da Saúde, o Ministério da Saúde viabilizou e aprimorou as ações voltadas para vigilância de fatores de riscos, proteção e enfrentamento de problemas de saúde pública presentes no estilo de vida individual e coletivo da população brasileira. Destaca-se nesse cenário, a Pesquisa Nacional de Saúde, a Vigilância de Fatores de Risco e Proteção para Doenças Crônicas por inquérito telefônico (Vigitel), realizada em todas as capitais dos 26 estados brasileiros e no Distrito Federal.

Dentre os fatores que implicam diretamente a emergência na vigilância dos agravos à saúde da contemporaneidade, destacam-se o hábito de fumar; o excesso de peso; o consumo de refrigerantes, bebidas alcoólicas e alimentos ultraprocessados; a inatividade física; a prevalência de doenças crônicas degenerativas; níveis elevados de estresse e a síndrome metabólica. Como fator de proteção, são exemplos: o consumo de frutas e hortaliças; a prática de atividade física no tempo livre e no deslocamento para o trabalho, curso ou escola; e a realização de exames para detecção precoce de tipos comuns de câncer em mulheres (mamografia e citologia oncótica para câncer de colo de útero).

Referente à atividade física (no tempo livre, no trabalho e no deslocamento), é pertinente ressaltar que se caracteriza como importante indicador de vigilância dos fatores de proteção e de riscos utilizado pelo Ministério da Saúde desde 2006. Nessa vertente, considerando a relação de tais impactos com a qualidade de vida e a promoção da saúde, no meio acadêmico, existe uma diversidade de estudos que fomentam a discussão e sinalizam para a necessidade da adoção de um estilo de vida saudável para a manutenção de níveis satisfatórios de saúde, e consequente prevenção de doença., Também destacam a respeito da importância do desenvolvimento de políticas públicas que contemplem as medidas preventivas, educativas e ações de intervenção por parte dos governos e poder local (SCHIMIDT, 2006; MALTA *et al.*, 2009; MORETTI *et al.*, 2009; COSTA *et al.*, 2012).

No campo das políticas públicas de saúde, a Organização Mundial da Saúde e a Organização Pan-Americana de Saúde, no decorrer dos anos, têm se mobilizado, na esfera mundial, e o Ministério da Saúde, mediante à estratégia global de promoção da saúde, tem investido em pesquisas de diagnóstico, levantamento, acompanhamento e levantamentos do fator de proteção e do fator de risco para melhoria da saúde da população brasileira. Cabe considerar que na contemporaneidade, hábitos negativos presentes no estilo de vida como inatividade física, alimentação inadequada, elevado nível de estresse, dislipidemias e obesidade caracterizam-se fatores de risco potencial à saúde, bem como constituem importantes precursores para a ocorrência de doenças crônicas degenerativas nas diferentes faixas etárias da população.

Sob a dimensão da inatividade, dados do Vigitel (2020) demonstram que, na Norte, foram registradas as menores frequências de atividade física, em tempo livre, equivalente a pelo menos 150 minutos de atividade física moderada entre as capitais Rio Branco, Boa Vista, Porto Velho e Manaus, respectivamente (39%), e as maiores frequências ocorreram nos munícipios de Palmas (48%), Macapá (47%) e Belém (41%). Quanto à prática entre as mulheres, as menores frequências de atividade física em tempo livre ocorreram em Manaus (27%), Belém (28%) e Porto Velho (34%); e as maiores nas cidades de Boa Vista e Macapá (37%) e em Rio Branco e Palmas (35%).

Nos últimos 20 a 25 anos, a promoção da saúde tem sido entendida como uma estratégia promissora para enfrentar os múltiplos problemas de saúde que afetam a população humana. Para tanto, a atenção à saúde no Brasil tem investido na formulação, implementação e concretização de políticas de promoção, proteção e recuperação da saúde (BUSS, 2000). De modo que, ao longo dos anos, a importância da inserção da atividade física no âmbito das políticas públicas, tem sido fomentada e divulgada em documentos oriundos das conferências internacionais e nacionais, que versam sobre a perspectiva de desenvolvimento e necessidade de tais políticas para diminuição dos problemas de saúde pública ocasionados pelo estilo de vida negativo, com destaque para o sedentarismo.

Há, pois, um grande esforço na construção de um modelo de atenção à saúde que priorize ações de melhoria na qualidade de vida e promoção da saúde nos sujeitos e coletivos. Como ações e estratégias desenvolvidas no âmbito da promoção da saúde, Guarda; Mariz; Silva (2009) destacam que a discussão e utilização da atividade física, como estratégia de saúde pública, fundamentam uma rica gama de evidências que contribuíram fortemente para efetivar a estratégia global de promoção da saúde, proposta pela Organização Mundial de Saúde (OMS), e pela Política Nacional de Saúde (PNS), no Brasil.

De forma mais específica, sob o caráter de intervenção, o Ministério da Saúde, por meio dos Núcleo de Atenção à Saúde da Família (NASFs), mobiliza e disponibiliza profissionais da área para atuar nos postos de saúde, promovendo ações educativas e preventivas no que se refere à prevenção de agravos à saúde, e à promoção do estilo de vida saudável na população adulta. Em relação às diretrizes e bases conceituais para efetivação das políticas voltadas para promoção da saúde no Brasil, pode-se destacar que estas sofreram influência direta das seguintes conferências internacionais: Alma-ata, 1978; Otawa, 1986; Adelaide, 1988; Sundvall, 1991; Jacarta, 1997.

De acordo com Peres; Melo (2009), somente a partir da década de 90 a relação entre atividade física e saúde conquistou espaço no cenário acadêmico e na prática da prescrição do exercício físico, até então dominada pela relação direta entre a busca do aumento da aptidão física para se alcançar os benefícios para a saúde. Conforme Sicoli; Nascimento (2003), ao falar de políticas públicas de promoção da saúde, torna-se fundamental o entendimento desta enquanto uma prática intersetorial, que envolve duas dimensões: a conceitual, ligada a princípios, premissas e conceitos que sustentam o discurso da promoção de saúde; e a metodológica, que se refere a práticas, planos de ação, estratégias, formas de intervenção e instrumental metodológico.

Tais aspectos indicam a necessidade de uma combinação de estratégias e ações no estado, comunidade, indivíduos, sistema de saúde e parceiros intersetoriais, que possibilite o entendimento e a aplicabilidade da concepção de promoção da saúde como aquela capaz de atuar sobre seus determinantes, as condições de vida e melhoria da qualidade de vida da população, possibilitando, assim, extrapolar a prestação de serviços clínicos hospitalares, e que não se restrinja apenas à ausência de doenças (NAHAS, 2001; SICOLI; NASCIMENTO, 2003).

Nessa perspectiva, dentre as estratégias e ações de promoção de saúde determinantes, a construção de políticas públicas e intervenções de atividade física passou a ser prioridade no bojo das políticas sociais de saúde no cenário global e local, em virtude do crescente comportamento de inatividade física e a associação com a expansão de inúmeras doenças de fatores de risco para patologias cardiovasculares (PERES; MELO, 2009). Contudo, tomando por base as ideias de Marques, Gutierrez e Almeida (2010), chama a atenção que no âmbito das políticas governamentais brasileiras, tanto a oferta da prática de atividades física e/ou esportivas apresenta-se vinculada predominantemente ao lazer e ao alto rendimento, do que propriamente à promoção da saúde.

3.3 SAÚDE, LAZER E O DESENVOLVIMENTO REGIONAL

Historicamente, no Brasil, as ações de promoção da saúde tiveram início na década de 70 a partir dos movimentos sanitários instalados no país. Nesse período, a Declaração de Alma-Ata desempenhou um papel fundamental na definição dos novos rumos das ações em saúde do país, bem como o processo de redemocratização acabou por contribuir na construção dos princípios constitucionais norteadores da promoção da saúde. Posteriormente, a Carta Magna Brasileira delineou as bases para a Política Nacional de Saúde (PNS), que foi regulamentada pelas Leis 8.080/90 e 8.142/90 e, finalmente, aprovada em 2006 como um mecanismo de fortalecimento e implantação de uma política transversal, integrada e intersetorial (BRASIL, 2006; GUARDA; MARIZ; SILVA, 2009).

Consequentemente, houve ações e medidas efetivadas por intermédio dos Ministérios da Saúde, Esporte e Educação. Como exemplos, destacam-se as iniciativas do Ministério do Esporte com a Criação do Programa de Esporte e Lazer da Cidade (PELC) (PINTO *et al.*, 2011); as iniciativas do Programa Segundo Tempo, associadas às ações dos Ministérios da Saúde e da Educação que, a partir da PNS, incentivaram a promoção da saúde na escola, por meio da intersetorialidade e do Programa Escolas Promotoras de Saúde. E, de forma mais abrangente, o Ministério da Educação propôs o desenvolvimento integral do aluno a partir do Programa Mais Educação. A Agência Nacional de Vigilância em Saúde (Agevisa), vinculada ao Ministério da Saúde desenvolveu ações e estratégias para associação dos NASFs com as academias de saúde ao ar livre (BRASIL, 2006; GUARDA; MARIZ; SILVA, 2009).

Partindo dessa visão, o início do século XXI foi marcado por ações de promoção da saúde articuladas em diversos espaços com participação social, nos quais estão incluídos: os órgãos definidores de políticas, as universidades e, sobretudo, os espaços sociais onde vivem as pessoas. Independentemente do local, seja na cidade, no ambiente de trabalho, na escola, no parque, na academia ou no espaço aberto, o desenvolvimento de ações de promoção da saúde mostra-se como sendo de total relevância para a melhoria dos indicadores de qualidade de vida da população (BUSS, 2000; SICOLI; NASCIMENTO, 2003; VILARTA, 2004).

Dentre esses aspectos, o oferecimento e disponibilidade das práticas corporais da atividade física, numa perspectiva integrada e orientada, tem sido defendida e evidenciada na literatura como sendo fundamental tanto para promoção da saúde como para o adequado desenvolvimento de crianças, jovens, adultos e idosos (VILARTA, 2004). Por outro lado, a criação de condições favoráveis à prática de atividade física é um desafio para gestores em saúde, tendo em vista que as políticas públicas com tal finalidade têm sido lançadas por diferentes esferas de governo (ANDRELLO *et al.*, 2012), de forma aleatória, sem a continuidade e intervenção necessárias.

Outro ponto importante refere-se ao fato de que na sociedade moderna, as cidades passaram a ter espaços reduzidos para potencializar experiências lúdicas no âmbito do tempo-espaço do lazer. Isso se dá em função das várias transformações sociais percebidas nas cidades, que permeiam a sensível limitação dos espaços destinados a essas experiências; a fragmentação no tecido urbano; a rígida separação de funções sociais institucionalizadas; o aumento do tráfego e do nível de poluição ambiental; e contemplam os problemas relacionados à saúde dos sujeitos que vivem nos grandes centros urbanos (RECHIA, 2009).

O lazer como indicador e fator de desenvolvimento é reconhecido em praticamente todas as declarações e tratados internacionais, e consagrado na Constituição brasileira como um dos direitos sociais (MARCELINO, 2002; ETGES, 2002). Desse modo, Marcelino (2002), tomando por base as ideias de Dumazedier, defende que o desenvolvimento do lazer seja considerado em uma perspectiva individual e social, tendo em vista que o lazer abre múltiplas possibilidades em termos de políticas setoriais, sendo considerado uma especificidade, enquanto manifestação humana, em relação às demais esferas socioculturais e, portanto, dentro de políticas de intervenção mais abrangentes.

Segundo Marcelino (2001, p. 46), "o lazer como manifestação do ócio, é um espaço privilegiado à efervescência do prazer, que atua no campo da subjetividade e favorece modificações importantes de valores, conceitos, significados e representações da realidade".

Atualmente, sob uma perspectiva cultural, o lazer é indicado como uma possibilidade e/ou forma de antídoto para as consequências da internacionalização dos conteúdos da indústria cultural no mercado globalizado, haja vista que o lazer não significa apenas uma possibilidade de descanso, mas também de desenvolvimento pessoal e social (MARCELINO, 2002; ETGES, 2002).

Nesse contexto, Dias; Fonseca (2011) destaca que o lazer tem sido visto sob três perspectivas: o lazer como atividade de consumo, que tem como foco principal o divertimento, a distração e o descanso; o lazer como atividade de compensação às horas trabalhadas; e o lazer como possibilidade de desenvolvimento pessoal e social. Isso porque na medida em que a qualidade de vida da população melhora, aumenta a busca por opções de lazer, fenômeno hoje observado em várias regiões do mundo. Além disso, tem-se observado na sociedade diferentes formas de usufruir do lazer: a recreação e o esporte ocupam lugar de destaque, uma vez que nesse campo o lúdico está associado à busca de sensação de bem-estar (ETGES, 2002).

De acordo com Zingoni (2002), a realidade das grandes cidades e o estresse da vida moderna têm gerado uma demanda cada vez maior por atividades de lazer, levando em conta os crescentes problemas de saúde pública advindos do estilo de vida negativo. Para Marcelino (2002), o lazer, em uma perspectiva de desenvolvimento regional, relaciona-se diretamente a questões de trabalho, educação e estilo de vida das pessoas, e, portanto, enquanto política pública, não pode ser tratado de forma isolada de outras questões sociais. Há a necessidade de um trabalho integrado entre políticas setoriais que contemplem os órgãos da chamada área cultural (arte, cultura, esporte, meio ambiente, turismo, entre outros) e órgãos que extrapolem a questão cultural, como por exemplo, a educação e saúde.

Tomando por base a referência de classificação de desenvolvimento proposta pelo Banco Mundial, no ano de 2002, Zingoni (2002) considera quatro formas de capital para fazer associações do lazer como fator de desenvolvimento e evidenciar a importância, a realidade e a necessidade dessas atividades para a promoção do estilo de vida saudável na sociedade. Sendo eles:

1. *Capital natural* – constituído a partir da dotação de recursos naturais existentes na região. No âmbito do lazer, a autora associa as relações do lazer com o crescimento das atividades relacionadas ao ecoturismo (caminhadas, escaladas, acampamentos e outras) como valores cultivados no contexto do desenvolvimento sustentável;

2. *Capital físico* – caracterizados como sendo provenientes da infraestrutura, bens de capital financeiro, comercial, entre outros. Nessa forma de capital, partindo do princípio de mudança de estilo de vida, a autora associa o lazer a um produto e/ou mercadoria lúdico cultural da indústria do entretenimento (cinemas, teatros, shows e exposições, shopping, livrarias, aulas de ginástica, entre outras) que está presente no mundo globalizado.

3. *Capital humano* – determinado pelo grau de nutrição, saúde, educação, moradia, emprego e trabalho da população. Para esse tipo de capital, considerando as carências sociais de atividades de lazer nos centros urbanos (marginalização e desigualdades sociais), a autora chama a atenção para o lazer como sendo um privilégio de uma minoria na sociedade, pois as classes sociais distintas têm oportunidades diferenciadas de apropriar-se do lazer.

4. *Capital social* – representado pelo grau de confiança entre os atores sociais e as atitudes positivas que contribuem para o bem-estar geral. Como associações estabelecidas com o lazer, utilizando-se da vivência cultural do lazer como um direito social, a autora estabelece relações acerca da importância da atuação do poder público em definir e construir "portas de entrada" para as políticas de lazer para o público, historicamente, excluído do acesso aos bens culturais.

Nesse âmbito, é pertinente destacar que a perspectiva do lazer na sociedade, enquanto direito social garantido na Constituição Federal, apresenta-se inserido na sociedade de forma ampla e, desse modo, pode permear e/ou contemplar diferentes formas e áreas distintas. No que se refere à relação com o esporte e atividade física, entende-se a partir do pensamento de Zingoni (2002), que o lazer pode vir a ser motivo para iniciar, permanecer e/ou finalizar as práticas corporais no cotidiano das pessoas.

Segundo Dias; Fonseca (2011), pelo menos duas perspectivas podem ser identificadas na forma como o lazer pode vir a ser tratado pelo Estado. A primeira coloca o lazer no campo de atividades de consumo, isto é, como mercadoria; a segunda aponta para o entendimento do lazer como direito social público.

3.4 POLÍTICAS DE ESPORTE E LAZER E A GESTÃO PARTICIPATIVA

A democratização do acesso ao esporte foi institucionalizada como um direito social em consonância com a Carta Internacional de Educação Física e Esporte da UNESCO (1978) e, assim, introduzido na Constituição Federal, em 1988, como sendo dever do Estado fomentar as práticas formais e não formais do esporte, especificamente no que se refere à implementação de políticas públicas sociais para atendimento das necessidades da sociedade.

Entretanto, no contexto histórico, o processo de organização institucional do esporte no Brasil teve início em 1937, na fase de consolidação do Estado Novo. Nesse período, no esporte brasileiro, predominava a ordem liberal sob a qual atuavam as entidades de direito privado, clubes, ligas, federações e confederações sem interferência do Estado. Posteriormente, em 1941, no governo de Vargas, em razão do decreto Lei n.º 3.199, foram estabelecidas as bases organizacionais do Desporto no Brasil, com a Criação do Conselho Nacional e os Conselhos Regionais de Desporto, para fins de orientar, fiscalizar e incentivar a prática do desporto em todo o país.

De modo que o esporte dessa época, além de fortemente institucionalizado, era também reprodutor de uma ideologia elitista e centralizadora do Estado, sob a qual não se tinha referência da prática esportiva pelo povo. Isso porque a organização das bases do desporto no Brasil foi elaborada nos moldes de um governo ditatorial, sob o qual sua representatividade consolidou-se como um instrumento de soberania nacional e de caráter exclusivamente disciplinador, moralista e nacionalista (CASTELLANI FILHO, 1994; TUBINO, 2004).

Em termos legais, a relação de controle do Estado sobre o esporte implantada no Estado Novo permaneceu até o período da Nova República, sendo reforçada pela reforma legal de 1975, por meio da Lei n.º 6.251. Nessa lei foi delegada ao então Ministério da Educação e Cultura a função de elaborar o Plano Nacional de Educação Física e Desportos, bem como definiu-se a composição do Sistema Desportivo Nacional em Desporto Comunitário, Desporto Educacional, Desporto Classistas e Desporto Militar.

Até a decada de 80, predominou a visão funcionalista, política, tecnicista e restrita ao esporte para fins competitivos e, portanto, não se demonstrava um enfoque no sentido da democratização do acesso ao esporte. Entretanto, a partir do movimento Esporte para Todos, realizado na Noruega, em 1967, legalmente a democratização do acesso ao esporte no Brasil foi institucionalizado na forma de Política Pública, em 1977, pela Secretaria de Educação Física e Desportos do Ministério da Educação e Cultura. No entanto, o Conselho Nacional do Desporto continuou a privilegiar o esporte de alto rendimento ou de elite.

As políticas públicas para o setor de esporte e lazer no Brasil são exemplos reais de como essa perspectiva vem sendo materializada pelo Estado conservador, burguês e elitista. Dentre as legislações que tratam do setor esportivo e de lazer no Brasil, com destaque para a Lei n.º 3.199/41, a Lei n.º 8672/93 (Lei Zico) e a Lei n.º 9615/98 (Lei Pelé), em seu conteúdo predominam a supervalorização do esporte de alto rendimento, pelo favorecimento de grupos particulares ligados ao setor mediante o empresariamento do esporte e do lazer, e não há garantia de financiamento no âmbito do esporte educacional e de lazer (DIAS; FONSECA, 2011).

Nesse contexto, o esporte foi regulamentado no Brasil de forma intervencionista, reguladora e para fins de atingir objetivos políticos de controle da ordem, como meio de afirmação nacional no contexto internacional, como política de saúde/lazer e de interesses econômicos conscientes com os de outras nações (BRACHT, 1997). Assim, no que se refere aos recursos para área, em 1971, foi criada a Loteria Esportiva no país com a finalidade de destinar parte do prêmio líquido a açoes de desenvolvimento do esporte, uma vez que era marcante a falta de investimento no setor. Entretanto, os recursos obitdos acabavam sendo direcionados ao esporte de alto rendimento (MELO, 2005; TUBINO, 1996).

Em face disso, a presença do esporte e do lazer como direito social na Constituição Federal trouxe como uma de suas consequências a aprovação do regulamento geral da Conferência Nacional do Esporte e, posteriormente, essa conferência institui em sua essência os princípios da democratização do acesso ao esporte e ao lazer, e para tal, propõe os princípios e diretrizes voltados para a elaboração da Política Nacional do Esporte e do Lazer (DIAS; FONSECA, 2011).

Mais adiante, por intermédio da participação social em políticas públicas de esporte e lazer e sua aplicação em esfera nacional, por meio do Sistema Nacional de Esporte e Lazer e das Conferências Nacionais do Esporte, foi possível observar avanços importantes em termos políticos no país, tendo em vista que houve fortalecimento da democracia, facilitação do acesso da população e direcionamento das atividades de acordo com as reais necessidades e demandas das pessoas, com significativo impacto na percepção da qualidade de vida pelos sujeitos sociais (MARQUES; GUTIERREZ; ALMEIDA, 2010).

Os espaços de participação da população nas políticas públicas de esporte e lazer na região ainda não expressa o todo da realidade, uma vez que, em algumas etapas dos programas ou projetos de esporte e lazer, seja na elaboração, na execução ou na avaliação, são anunciados pequenos avanços nessas áreas. Porém, não se aglutina elementos suficientes para uma mudança significativa no funcionamento da máquina estatal. Nessa perspectiva, defende-se que a participação social consiste em um desafio para as equipes gestoras das políticas públicas de esporte e lazer, pois estas precisam efetivamente substanciar o processo democrático a partir de uma combinação dialética de aspectos tidos como fundamentais: a soberania popular, a autonomia, a cidadania e o controle popular (MOREIRA, 2011).

No Brasil, entre as décadas de 1980, 1990 e 2000, no âmbito das políticas de esporte e lazer, foram registradas várias experiências participativas, principalmente na esfera municipal, como foi o caso de Porto Alegre, Caxias do Sul, Distrito Federal, Recife, Campinas, entre outros. Na região Norte, destacaram-se as experiências nas cidades de Santarém e Belém, no estado do Pará e do município de Ji-Paraná, em Rondônia. Conforme Marques; Gutierrez; Almeida (2010), pode-se apontar processos diferenciados de trabalho de políticas públicas de esporte e lazer no Brasil. Tais variações devem-se aos diferentes panoramas políticos que o país passou em sua história, e a mudança de perspectiva e de importância dada ao lazer e a atividade física.

Nesse cenário, Moreira (2010) acrescenta que os princípios e valores de um governo democrático constituem formas ou estratégias para o governo materializar e implementar as políticas públicas. Assim, as experiências participativas, como a Conferência de Esporte e Lazer, são fundamentais para oportunizar o amadurecimento e o fortalecimento de uma nova cultura de participação política, gerando novos desenhos institucionais no aparelho estatal. De acordo com Brasil (2009), a Conferência Nacional do Esporte tem como finalidade democratizar e propor princípios e diretrizes para a elaboração da Política Nacional do Esporte e do Lazer, criando assim o Sistema Nacional de Esporte e Lazer, tendo por base o regime de colaboração entre União, estados e município, com ênfase na municipalização. Contudo, sua implementação não se efetiva por consequência da falta de políticas institucionais locais.

Como exemplo disso, no caso específico da região Norte, Moreira (2010) em seus estudos evidencia que o Estado opera e executa as políticas com "competência técnica" sem precisar efetivar consultas entre a população. Dessa forma, para uma política pública efetivamente democrática, a participação da população no planejamento, execução e avaliação das políticas constituem ações centrais para o exercício da autonomia e gestão participativa no Estado. Sobre a ótica da participação social democrática, de acordo com Brasil, 2009; Bahia; Lima, 2010, o Sistema Nacional de Esporte e Lazer surge com o objetivo de consolidar a Política Nacional do Esporte, bem como criar mecanismos que garantam sua execução e acessibilidade em todas as esferas da federação, além de definir os papéis das entidades dirigentes do esporte e lazer.

3.5 ESPORTE E ATIVIDADE FÍSICA: UMA INTEGRAÇÃO NECESSÁRIA NAS POLÍTICAS SOCIAIS

A administração pública do esporte, lazer e atividade física nas diferentes cidades do Brasil perpassa por desafios que compreendem a necessidade de uma gestão que contemple as necessidades básicas da sociedade. Conforme Heidemann; Salm (2010), "o novo design da administração pública necessita ensejar que os serviços requeridos pelos cidadãos lhes sejam prestados por sensibilidade e por correspondência aos seus legítimos anseios".

Desse modo, embora existam estudos que enfatizem o esporte e lazer como um direito garantido na Constituição Federal, e outros que defendam os benefícios e importância da prática da atividade física como uma ferramenta fundamental para a promoção da saúde, estilo de vida saudável e diminuição das doenças crônicas degenerativas, no cenário brasileiro, observam-se lacunas por parte dos governos no que se refere à disponibilidade e ao oferecimento de profissionais habilitados e capacitados para orientar, instruir e acompanhar a população em suas práticas corporais, em especial no caso da atividade física e esporte.

Segundo Bankoff; Samai (2011), nos grandes centros urbanos, a possibilidade da prática de atividade física e esportes na perspectiva de lazer se vinculam à existência de academias e clubes que ofereçam esses serviços, porém, observa-se um acesso limitado por parte de toda a população, decorrentes da dimensão do espaço físico ou pelos custos financeiros que representam. Em contrapartida, o acesso limitado é consequência direta da insuficiência de locais e de apoio por parte das prefeituras na implementação de políticas e programas de atividades físicas, lazer e esportes junto da população.

De acordo com Costa *et al.* (2012), o Programa Academia da Cidade (PAC), implementado em algumas cidades do Brasil (Aracaju, Recife e Belo Horizonte) como programa de atividade física regular, tem alcançado níveis satisfatórios e/ou aproximados das recomendações mínimas para a prática regular de atividade física no que se refere à manutenção de bons níveis de saúde.

Nesse sentido, Moreira (2010) faz uma reflexão na qual diz que "pensar em políticas públicas de esporte e lazer como políticas de Estado é entender que tais políticas setoriais passam a refletir programas do governo, sua política econômica, social, cultural, bem como suas formas de gestão". Isso porque, segundo o autor, a gestão de políticas públicas de esporte e lazer no Brasil, com algumas exceções e experiências vividas em diferentes cidades, perpassa pela necessidade de consolidação de uma nova cultura de participação que integre efetivamente a comunidade nas ações e decisões governamentais do setor.

POLÍTICAS PÚBLICAS E ATIVIDADE FÍSICA NA AMAZÔNIA

Desse modo, ainda que haja uma diversidade de literatura que evidencie a necessidade do estabelecimento de políticas públicas que integrem esporte, lazer e atividade física de forma intersetorial, o planejamento, a implementação e a gestão de políticas que envolvem esporte, lazer e atividade física em cidades brasileiras não ocorre de forma integrada e consolidada, e o que se observa em grande parte das cidades são ações isoladas e dissociadas, que contemplam parcialmente e/ou não tem contemplada a necessidades da população brasileira.

Referente à integração em torno do esporte no lazer, no campo das políticas públicas, cabe salientar que é recente no meio científico a vertente de difusão e/ou disseminação do esporte como lazer, e, mais especificamente, numa perspectiva ambiental, natural e sustentável. Em contrapartida, é histórica a presença marcante no campo das políticas de uma abordagem voltada para o caráter competitivo e de alto rendimento. Nesse contexto, são exemplos: a lei de incentivo ao esporte de 2006; a existência da rede nacional de treinamento, um legado olímpico; e, ainda, os centros de iniciação ao esporte, que por meio do PAC estimulam a construção de quadras.

Outro ponto importante é que, muito embora no âmbito legal já existam diretrizes e leis que incentivam a prática não somente do esporte competitivo, mas também do esporte educacional, ainda há muito para se fazer no campo das políticas públicas de esporte e da atividade física propriamente dita. Diante do exposto, em consonância aos avanços nas diretrizes legais, a partir de 2006 uma expansão significativa nas pesquisas sobre a oferta do esporte educacional e de inclusão social.

Como resultado direto, constatam-se avanços relevantes e pontuais nas dimensões educacional e social, entretanto, no campo do lazer, as políticas sociais para atender a população com práticas esportivas nas diferentes faixas etárias mostram-se ainda insuficientes, em especial para os grupos de pessoas em situação de vulnerabilidade social, desigualdade social, e/ou condições socioeconômicas desfavoráveis.

Sendo assim, tomando por base as ideias de Bankoff; Zamai (2011), no âmbito das políticas para o esporte, ainda há lacunas no que se refere às dimensões de oferecimentos, desenvolvimento de bons projetos e programas que atendam à população de forma eficiente, tendo em vista a carência de diálogo entre estado e município, bem como a inexistência de um sistema articulado. Com relação à atividade física, esta pesquisa destaca a corrente de autores que disseminam o entendimento a respeito dela numa perspectiva global, e, portanto, consideram de forma genérica e primária o gasto energético e o movimento corporal, como pressuposto para caracterizar do ponto de vista conceitual tal prática.

Em contrapartida, outros estudos evidenciam que o caráter específico do oferecimento da atividade física enquanto uma prática sistematizada (exercício físico), que obedece a princípios de treino (frequência, duração e intensidade) e requer a orientação de um profissional de educação física, por vezes, acaba sendo esquecida e/ou negligenciada pelos poderes públicos, e passam a ocupar lugar de destaque apenas em locais privados, como academias. Por outro lado, a partir da análise de estudos realizados no Brasil, é necessário reconhecer avanços importantes em cidades brasileiras no que se refere à promoção da atividade física e esporte como forma de lazer e saúde, por meio de intervenções propostas a partir de políticas públicas locais.

Como exemplo, o Programa Agita São Paulo, antecipando-se a uma tendência mundial, iniciou suas atividades em 1996, seis anos antes da publicação da Estratégia Global de Alimentação Saudável e Atividade Física e Saúde, e passou a ser reconhecido no cenário internacional como um modelo de intervenção comunitária, tanto pela sua forma de atuação quanto pelos resultados. Posteriormente, em 2002, foi lançado pelo Ministério da Saúde o Programa Agita Brasil, que durou apenas dois anos, em função das novas diretrizes dadas pelo novo governo que assumiu o Planalto Central, em 2004. Nesse período (2002-2004), esse programa conseguiu capacitar um número expressivo de profissionais de saúde em quase todo o território brasileiro (PERES; MELO, 2009).

Na cidade de Curitiba houve articulação para criação do Projeto Vida Saudável e do programa Ambiente Saudável por meio da Secretaria Municipal da Saúde, em parceria com demais secretarias municipais e a universidade, explorando espaços públicos como parques, escolas, praças e espaços comunitários e transformando-os em áreas de democratização da educação em saúde, bem como áreas de estímulo à atividade física, à adoção de hábitos alimentares saudáveis, às atividades culturais e de lazer, à educação ambiental, entre outros (MOYSÉS; MOYSÉS; KREMPEL, 2004).

Para tais avanços, podem-se inferir associações com o enfoque dado à prática da atividade física e esporte no âmbito do Plano Nacional de Práticas Corporais e Atividades Físicas, do Ministério da Saúde. No referido plano, a atividade física é caracterizada como sendo nomenclatura única (Atividade Física) e o esporte apresenta-se como proveniente de Práticas

Corporais. De acordo com Malta *et al.* (200), o Plano Nacional de Práticas Corporais e Atividade Física foi elaborado no ano de 2007, com o objetivo de induzir políticas públicas na esfera municipal (escola, trabalho e unidades de saúde), articulando-se a ações para o plano diretor das cidades, o planejamento urbano, a mobilidade urbana e a acessibilidade, além de propor a criação de um Comitê Intersetorial da Estratégia Global, com a participação da sociedade.

Ademais, outras ações mostraram-se relevantes na implementação das estratégias e metas alusivas à atividade física no campo da saúde pública. Dentre as quais destacam-se: o Dia do Desafio, instituído com o propósito de estimular a prática da atividade física; e o Programa Academia da Cidade, criado pelo Governo Federal, mobilizou a esfera estadual e municipal para aquisição e instalação de academias ao ar livre para a população. No que se refere ao Programa Academia da Cidade, a adesão consiste em um mecanismo de ampliar a oferta da atividade física nas cidades do país, mas não prevê recursos humanos para orientar e acompanhar a prática da atividade física de forma sistematizada. E, dessa maneira, enfatiza-se o caráter de oferecimento da atividade física apenas sob uma perspectiva de lazer.

CAPÍTULO 4

POLÍTICAS PÚBLICAS
DE ATIVIDADE FÍSICA EM RONDÔNIA

No campo das políticas públicas, o debate teórico conceitual acerca do universo das práticas da atividade física, evidenciado nos capítulos anteriores, fundamenta e justifica o arcabouço sociocultural e de saúde coletiva, que permeia a necessidade do hábito regular da atividade física pela população na contemporaneidade, em todas as fases da vida, seja na infância, adolescência, juventude ou na idade adulta e tardia.

Neste capítulo, tomando por base a realidade de profissionais das Secretarias de Esporte e Lazer de Rondônia e dos usuários dos espaços públicos de atividade física no munícipio de Porto Velho, a proposta é problematizar a abrangência, o impacto e a integração das políticas públicas na área de atividade física nas dimensões política e social. Além disso, são apresentados os fundamentos científicos, os procedimentos de sustentação, os aspectos éticos e os instrumentos utilizados para o desenvolvimento e a análise dos resultados da pesquisa realizada no período de 2013 a 2014, com 10 profissionais da Secretaria de Esporte e Lazer, e com 204 usuários dos espaços públicos na cidade de Porto Velho, capital de Rondônia, Brasil.

Como ponto de partida, são evidenciados os seguintes questionamentos: O processo de consolidação das políticas públicas tidas como sociais, ao longo dos anos, tem contemplado o campo da atividade física? Em que medida tais políticas são desenhadas, estruturadas, e qual a responsabilidade assumida pelo poder local – municipal e estadual – na implementação e desenvolvimento de ações integradas na cidade de Porto Velho, para atendimento ao usuário dos espaços públicos?

4.1 ASPECTOS HISTÓRICOS, GEOPOLÍTICOS E ECONÔMICOS DE RONDÔNIA

O estado de Rondônia foi criado em 1981, pela Lei complementar n.º 41 de 31/12/1981, e instalado em 04 de janeiro de 1982. Assim, nesse período, passou de território federal do Guaporé para estado da federação brasileira. Historicamente, Rondônia surgiu do acordo pelo Tratado de Petrópolis, que culminou com a construção da Estrada de Ferro Madeira-Mamoré e da necessidade geopolítica dos estados do Amazonas e Mato Grasso.

Rondônia localiza-se na região Norte do Brasil, apresenta conforme estimativa do IBGE (2021) uma população estimada de 1.815.278 pessoas e densidade demográfica de 6,58 habitantes/km². Geograficamente, ocupa uma área de 237.765,293 km² com 52 municípios, tendo como limites territoriais a Bolívia e os estados do Mato Groso, Amazonas e Acre. A construção da Rodovia BR-364 também impactou sobremaneira na criação e desenvolvimento do estado, que recebeu o nome de Rondônia em homenagem ao marechal Cândido Rondon, explorador da região. O primeiro governador de Rondônia foi o coronel Jorge Teixeira.

Ao olhar a partir do contexto histórico, o desenvolvimento social e econômico do estado ocorreu em conformidade com dois ciclos: o primeiro ligado à Ferrovia Madeira Mamoré, à extração e comercialização da borracha, chamada de "ouro negro"; bem como ao garimpo de diamantes, cassiterita e ouro; já o segundo relacionado à migração de famílias de outras regiões do Brasil em busca do "novo eldorado", ou seja, terras férteis para cultivo de produtos agrícolas.

A capital do estado de Rondônia é a cidade de Porto Velho, que possui uma área territorial de 34.090 km² com 12 distritos: Porto Velho (sede municipal), Abunã, Calama, Demarcação, Extrema, Fortaleza do Abunã, Jaci-Paraná, Mutum Paraná, Nazaré, Nova Califórnia, São Carlos e Vista Alegre do Abunã. A população estimada é de 584.952 pessoas. A densidade demográfica da capital de Rondônia é 12,57 habitantes por quilômetros quadrados.

Como indicadores de desenvolvimento socioeconômicos, o munícipio de Porto Velho possui: per capita de R$ 33.825,46; Índice e Desenvolvimento Humano Municipal (IDHM) de 0,736; taxa de mortalidade infantil (13,04 óbitos por mil nascidos vivos); índice de escolarização de 94,5% na faixa etária de 6 a 14 anos do ensino fundamental. Quanto aos aspectos históricos, a cidade de Porto Velho surgiu das instalações portuárias, ferroviárias e residenciais dos migrantes da Estada de Ferro Madeira-Mamoré.

No século XX, a cidade passou por um crescimento populacional e sofreu uma expansão urbana desordenada. De acordo com Silva *et al.* (2011), a construção do Porto Graneleiro na capital de Porto Velho, em

1995, e abertura da hidrovia do rio Madeira, em1997, mudaram o perfil econômico do estado. Como consequência, a população local enfrentou impactos ambientais, sociais, culturais, econômicos e políticos advindos da construção das Usinas Hidrelétricas de Jirau e Santo Antônio.

Em relação à construção das Usinas Hidrelétricas de Jirau e Santo Antônio, cabe salientar que foi considerada como uma das mais importantes obras do Governo Federal. Na capital, a construção foi iniciada no ano de 2008 e concluída em dezembro de 2016. Elas impactaram profundamente para o aumento da população de Porto Velho. Conforme dados do IBGE, em 1996, a população da cidade era de 292 mil habitantes, no ano de 2007 aumentou para 369 mil e, em 2010, avançou para 428 mil. No campo do desenvolvimento social, os aspectos históricos, ambientais, culturais e sociais, aliados à necessidade emergente de espaços públicos, influenciaram demasiadamente nos indicadores relacionados ao lazer, à promoção da saúde e à qualidade de vida.

No cenário das políticas públicas de atividade física no Brasil, mais especificamente na Amazônia e em Rondônia, observa-se que a atividade física, embora esteja presente nas políticas intersetoriais do Ministério da Saúde e nos dispositivos constitucionais e legislações específicas, tanto na esfera estadual e municipal, ela aparece apenas nas entrelinhas ou fica subentendida na gestão e no desenvolvimento de projetos, programas e ações das secretarias. E, por vezes, a integração e as relações existentes acabam por permear propriamente a área dita do desporto, do esporte e do lazer.

Estudos realizados nas Secretarias de Esporte e Lazer no município de Porto Velho, nos anos de 2010 e 2011, apontam indícios acerca da necessidade emergente de ampliação dos espaços públicos adequados para a prática do esporte e lazer na cidade, tendo em vista a insuficiência dos espaços públicos estruturados (BERNALDINO *et al.*, 2010; SILVA *et al.*, 2011). Nessa perspectiva, no intuito de ampliar as reflexões teóricas e práticas das políticas públicas de atividade física, no período entre 2013 e 2014, foi realizada uma pesquisa na cidade de Porto Velho, com 10 profissionais das Secretarias municipal e estadual de Esportes e Lazer, além de 204 usuários de quatro espaços públicos mais frequentados na cidade. Como questões de pesquisa, levantou-se:

1. Quais as diretrizes que norteiam as políticas públicas para a atividade física na cidade de Porto Velho?

2. Existem políticas públicas institucionalizadas e consolidadas de forma articulada entre as esferas nacionais, estaduais e municipais para atividade física em Rondônia?

3. Há carências de programas, espaços públicos e ações de promoção da saúde e qualidade de vida, que viabilizem o aumento dos níveis de atividade física, ou que contribuam para diminuir o sedentarismo da população do munícipio?

4. Quais os desafios para o poder local com vistas à promoção da atividade física e esporte em espaços públicos para atender as necessidades da população na cidade de Porto Velho?

5. Os espaços públicos são suficientes para atender a população da cidade?

Como objetivo, a presente pesquisa buscou identificar as diretrizes que norteiam as políticas públicas para atividade física e esporte, em relação a programas, espaços, ações desenvolvidas e atendimento à população, bem como os desafios do poder local, a partir do olhar dos gestores, profissionais de educação física e dos frequentadores dos espaços disponíveis na cidade de Porto Velho.

4.2 O CASO DE PORTO VELHO: ASPECTOS METODOLÓGICOS E ÉTICOS

A pesquisa caracterizou-se como sendo um estudo de caso do tipo descritivo exploratório transversal e de natureza quali-quantitativa, com a finalidade de investigar e compreender com maior profundidade uma situação ou fenômeno específico (THOMAS; NELSON; SILVERNAN, 2007) – no caso a realidade das políticas públicas de atividade física no município de Porto Velho.

A distinção do tipo de pesquisa como sendo descritiva-exploratória justifica-se devido ao intuito em descrever as características, propriedades e relações existentes no grupo, ou da realidade em que foi realizada a pesquisa, ao mesmo tempo em que se objetivou a familiarização com o fenômeno, a obtenção de uma nova percepção ou descobrimento de novas ideias em relação ao objeto de estudo Políticas Públicas de Atividade Física e Esporte (MATOS, 2004; GIL, 2010).

A opção metodológica pelo estudo de caso, além de contribuir para o conhecimento amplo e detalhado a respeito de fenômenos específicos, também revela-se benéfica e proveitosa para formulação e reformulação de ideias e hipóteses, conforme o contexto local e a realidade do grupo investigado sobre casos similares em relação às políticas públicas de atividade física (MATOS, 2004; GIL, 2010), especialmente em cenários de ausência e/ou ineficiência de uma estrutura ou um modelo bem definido.

Além disso, o estudo de caso dispensa técnica de cálculo amostral no que se refere à necessidade de definição de um quantitativo preciso e significativo de sujeitos investigados (profissionais das secretarias e usuários) em cada espaço de atividade física e/ou esporte selecionado para realização da pesquisa. Assim como, do ponto de vista científico, nos seus pressupostos teóricos metodológicos, corrobora com a pretensão de aprofundamento e maior compreensão acerca do objeto Políticas Públicas de Atividade Física em Porto Velho.

Quanto à natureza da pesquisa, para fins de análise aprofundada dos objetivos, recorreu-se aos recursos da análise de conteúdo para explicar a relevância da abordagem quali-quantitativa nesta pesquisa. Conforme Bardin (2011, p. 144 e 145), "a análise de conteúdo é utilizada como um instrumento de diagnóstico, em que podem ser considerados: inferências específicas ou interpretações causais sobre um dado".

Nesse sentido, para a análise qualitativa e quantitativa, o autor ressalta que, na abordagem qualitativa,

> [...] a análise apresenta certas particularidades, sobretudo na elaboração das deduções específicas sobre um acontecimento ou variável de inferência precisa. Como exemplo, a presença (ou a ausência) pode constituir um índice tanto (ou mais) frutífero que a frequência de aparição". Já, na segunda, a análise quantitativa, "funda-se na frequência de aparição de determinados elementos da mensagem, requerendo, portanto, inferências gerais. (BARDIN, 2011)

Assim, tomando por base os pensamentos de Bardin (2011), cabe salientar que a escolha pela abordagem quali-quantitativa pode ser justificada neste trabalho pelo interesse em analisar inferências específicas, ou interpretações causais dos dados, como, por exemplo, a presença (ou ausência) de políticas públicas para a atividade física e esporte em Porto Velho. Ademais, destaca-se no estudo a necessidade de inferências gerais sobre a área das políticas sociais, alinhadas ao fato de que ambas se interligam e contribuem para melhor a compreensão do objeto de estudo.

De acordo com Ferreira; Gomes; Minayo (2011, p. 22) "a abordagem dos dados qualitativa e quantitativa, quando bem trabalhada teórica e praticamente, produz riqueza de informações, aprofundamento e maior fidedignidade interpretativa". Desse modo, foram utilizados recursos da abordagem quali-quantitativa para análise aprofundada e maior fidedignidade interpretativa dos resultados. Contudo, para análise qualitativa das respostas, recorreu-se à técnica de análise de conteúdo de Bardin, (2011), optou-se pela categorização temática, e fundamentou-se no método de interpretação de sentidos de Ferreira; Gomes; Minayo (2011).

Referente ao uso do status "Secretaria" para remeter ao órgão responsável pelo esporte e lazer no período de realização da pesquisa com grupo 1. Na esfera estadual, no decorrer dos anos houve mudanças políticas e estruturais e, assim, é pertinente esclarecer que no período de realização da pesquisa, até meados de 2013, o termo utilizado pelos profissionais participantes da pesquisa era "Secretaria".

Contudo, com o advento da Lei complementar n.º 733 de 10 de outubro de 2013, a Secel passou do nível de Secretaria para o nível de Superintendência, passando então a ser denominada Superintendência Estadual dos Esportes, da Cultura e do Lazer (Secel). Ao tornar-se superintendência, é de sua responsabilidade promover, estimular, difundir e orientar atividades culturais e esportivas em todas as suas formas e manifestações, bem como preservar o patrimônio histórico e cultural do estado (RONDÔNIA, 2013).

Em 2015, no governo de Confúcio Moura, uma nova reforma foi realizada por meio da Lei complementar n.º 827 de 15 de julho de 2015, que transformou em seu artigo 45 a Secel para denominar-se Superintendência da Juventude, Cultura, Esporte e Lazer (Sejucel). Na gestão da superintendência permaneceram as obrigações, competências, atribuições, acrescidas de programas voltados especificamente à juventude (RONDÔNIA, 2015). Dessa forma, considerando que passaram alguns anos da realização da pesquisa e, frente às mudanças ocorridas referentes à denominação utilizada a partir de Lei complementar n.º 733, nesta obra será utilizado à identificação do grupo Secel como correspondente ao grupo Sejucel.

Para a coleta de dados junto aos grupos 1 e 2 foram estruturadas três etapas: a primeira etapa caracterizou-se pela realização da entrevista junto ao grupo de profissionais da Secel de Rondônia (GPS-RO); a segunda etapa qualificou o desenvolvimento da entrevista junto ao grupo de profissionais da Semes de Porto Velho (GPS-PVH); já a terceira etapa consistiu na aplicação do questionário de pesquisa junto ao grupo dos frequentadores dos espaços disponíveis para a prática de esporte e atividade com intuito de identificar o perfil e a opinião dos usuários acerca do atendimento, da estrutura existente e necessária, das ações e os espaços disponíveis para as atividades de esporte e atividade física.

Na pesquisa, como instrumento para coleta de dados, foi utilizado um roteiro de entrevista semiestruturado, com uma sequência de perguntas fixas para investigação junto ao grupo de profissionais atuantes nas secretarias estadual e municipal de esportes e lazer. Com os usuários dos espaços públicos mencionados anteriormente foi aplicado um questionário estruturado com 26 questões, sendo 24 perguntas mistas (fechadas e abertas) e duas perguntas abertas.

No levantamento dos resultados da pesquisa também foram consideradas observações e reportagens realizadas nos espaços de atividade física e esporte, a experiência profissional oriunda da atuação da pesquisadora como profissional de educação física, bem como resultados de pesquisa realizada anteriormente nos espaços Deroche, Skate Parque e Espaço Alternativo (BERNALDINO *et al.*, 2010), e no diagnóstico do acesso ao esporte e lazer da população no estado de Rondônia por meio das políticas públicas (SILVA *et al.*, 2011).

Como procedimento ético, inicialmente foi realizado o contato formal para a solicitação de autorização por escrito às secretarias Secel/RO, Semes/PVH, no âmbito dos espaços disponíveis para a prática do esporte e da atividade física da cidade de Porto Velho para realização da entrevista, bem como foram explicados os objetivos, procedimentos éticos, científicos e a relevância do estudo para a região. A pesquisa foi submetida ao Comitê de Ética em Pesquisa da Universidade Federal de Rondônia – CEP/Unir (RO), e aprovada sob o número CAAE: 33863014.0.0000.5300.

Dessa forma, na etapa de coleta dos dados pesquisa, todos os cuidados e procedimentos éticos foram devidamente respeitados. A participação dos profissionais das secretarias e os usuários dos espaços ocorreu de forma voluntária e mediante a assinatura do Termo de Consentimento Livre e Esclarecido – TCLE. Sendo que na etapa de realização da entrevista com os profissionais da secretaria, utilizou-se um gravador e um caderno para registro.

Além disso, para fins de auxiliar no levantamento dos dados junto aos usuários dos espaços de atividade física e esporte, houve a colaboração de três profissionais formados na área de educação física que receberam treinamento acerca dos procedimentos ético-científicos e metodológicos para a aplicação do questionário de pesquisa no período anterior ao início da coleta da pesquisa.

4.3 DA ENTREVISTA COM O PROFISSIONAL DA SECRETARIA DE ESPORTE E LAZER

Para realização da entrevista com os profissionais da secretaria municipal e estadual de esporte e lazer participantes do estudo de caso realizado na cidade de Porto Velho, optou-se por organizar dois subgrupos específicos: o grupo 1, constituído por 5 profissionais da Sejucel/RO (antiga Secel/RO) e o grupo 2, formado por 5 profissionais da Semes/PVH. Referente ao uso da sigla Sejucel/RO em substituição à antiga Secel/RO, justifica-se pelo fato de que no ano de 2015, após a realização do estudo de caso, houve uma reforma por meio da Lei complementar n.º 827 de 15 de julho que culminou na mudança da Secel para Sejucel.

Com destaque, os profissionais da Sejucel/RO e Semes/PVH participantes da pesquisa são formados por gestores das secretarias, gerentes, ex-gerentes, técnicos e profissionais de educação física. Desse modo, para fins de garantir o sigilo dos nomes dos participantes, foi utilizada a nomenclatura "entrevistado" junto à numeração de "1 a 5" seguido respectivamente da sigla (RO) para a esfera estadual e (PVH) para a esfera municipal. Assim, no grupo de profissionais da Sejucel/RO (GPS-RO):

- **Entrevistado 1** – é formado em educação física, aposentado. Durante sua atuação como profissional, trabalhou aproximadamente 8 anos na antiga Secel/RO, na parte de assessoramento técnico do Esporte e lazer e na gerência de esporte no estado de Rondônia. Concomitantemente desenvolveu atividades alusivas à sua formação, em clubes e escolas do município e distritos de Porto Velho. Na pesquisa, foi considerado como ex-gerente de esporte e lazer da Sejucel/RO.

- **Entrevistado 2** – é formado em educação física, atua há 30 anos na área de esporte no estado, mais precisamente desde março de 1983. No período informado, desempenhou funções de técnico, gerente e assessor de esporte nos departamentos, instituições e órgãos destinados ao desenvolvimento do esporte e lazer no estado de Rondônia. No momento da pesquisa, desempenhava a função de assessor técnico de Sejucel/RO. Entretanto, para fins da pesquisa, foi considerado como ex-gerente.

- **Entrevistado 3** – formado em educação física, atua na Sejucel/RO como técnico na área de esporte e lazer e, para efeitos desta pesquisa, será considerado como profissional da área.

- **Entrevistado 4** – formado em educação física, já atuou na Sejucel/RO na parte administrativa e financeira. No momento da pesquisa exercia a função de gerente de esportes e lazer, razão pela qual neste trabalho foi considerado como gerente de esporte.

- **Entrevistado 5** – caracterizado como sendo o secretário estadual de esportes e lazer de Rondônia em exercício. Todavia, no decorrer da coleta de dados da pesquisa, inúmeras tentativas foram feitas, mas não foi possível a realização da entrevista com o participante. Como motivo apresentado pela chefia de gabinete da Secel/RO, pode-se destacar a dificuldade de agenda do secretário em exercício.

Com relação às características do grupo (GPS-PVH):

- **Entrevistado 1** – formado em educação física, já atuou na área esportiva em clubes e na área educacional, como professor da educação básica e superior. No setor público, atou na esfera municipal e estadual, perpassando pelas secretarias estaduais (Secel e Seduc), sob as quais desempenhou, respectivamente, as funções de secretário estadual de esporte e lazer – antiga Secel/RO e professor de educação física. E, na esfera municipal, desempenhou funções administrativas na Semfaz, Semed e na Semes. Sendo que, na última, inicialmente assumiu a função de assessoria técnica e, posteriormente, atuou como secretário municipal de esporte de lazer. Na pesquisa foi considerado como ex-gestor da Semes/PVH.

- **Entrevistado 2** – formado em educação física, atuou na área escolar como professor de educação física na rede estadual e municipal. Na Semes/PVH, exerceu a função de secretário municipal de esporte por um período de sete meses e 14 dias, e neste estudo foi entrevistado na condição de ex-gestor da Semes/PVH.

- **Entrevistado 3** – formado em educação física, atuou na área de esporte em clubes da cidade. Na Semes/PVH atua como coordenador de projetos e, para efeitos da pesquisa, foi considerado como profissional da área.

- **Entrevistado 4** – formado em educação física, atuante na área de esporte na Semes/PVH há aproximadamente 7 anos, no momento da pesquisa atuava na coordenação de esporte e lazer. Na pesquisa foi considerado como gerente de esporte e lazer da Semes/PVH.

- **Entrevistado 5** – no momento da pesquisa, exercia a função de secretário municipal de esporte e lazer do município de Porto Velho há pouco tempo. É formado em contabilidade e informou que já atua há muito tempo na área de esportes, bem como salientou que teve uma participação significativa na Secel/RO, no que se refere à construção dos Cedels (Centros de Esporte e Lazer destinado para prática de atividade físicas e desportivas para toda comunidade). Entretanto, no âmbito desta pesquisa, foi considerado como gestor da Semes/PVH.

No grupo investigado (GPS-RO e GPS-PVH), quatro participantes (entrevistado 1 – RO; entrevistado 2 – RO; entrevistado 3 – RO e entrevistado 1 – PVH) autorizaram a gravação da entrevista, já os demais, (entrevistado 4 – RO; entrevistado 2 – PVH; entrevistado 3 – PVH; entrevistado 4 – PVH e entrevistado 5 – PVH) salientaram ter preferência que as respostas fossem apenas anotadas durante a realização das entrevistas, portanto não autorizaram a gravação.

Durante a coleta de dados na Sejucel, teve um participante da pesquisa que, por motivos de aposentadoria, já não estava na secretaria, sendo a entrevista realizada na residência dele. Outro ponto importante refere-se ao tempo despendido para a coleta de dados, pois, em particular durante a pesquisa na Secel, houve inúmeras dificuldades e resistências para a coleta os dados nos dias e horários agendados para a realização da entrevista e, por esse motivo, a coleta perdurou por um período de seis meses. Nesse contexto, é pertinente salientar que a demora em coletar os dados na Secel/RO, deve-se principalmente à realização da entrevista com o entrevistado 5 (RO).

Para a pesquisa no GPS-PVH, assim como ocorreu no GPS-RO, a coleta de dados também sofreu com algumas dificuldades, em virtude dos entraves políticos e humanos oriundos da instabilidade de permanência de profissional na função de secretário municipal de esporte e lazer, tendo em vista que, no período de coleta, houve duas mudanças de secretário. Desse modo, em um primeiro momento, após contato formal e conhecimento da situação vivenciada no âmbito da Semes, optou-se por esperar um período equivalente a dois meses na tentativa de que o momento de instabilidade e de mudanças se estabilizassem na secretaria, para que a coleta dos dados não fosse prejudicada.

Passado o período de espera, a pesquisadora se dirigiu novamente à secretaria para marcar entrevista com o secretário em exercício da época, que inicialmente demonstrou certa resistência e recusa com a pesquisa. A partir do segundo contato, após explicação da finalidade e dos procedimentos éticos da pesquisa, bem como o detalhamento de sua relevância e contribuição que tal pesquisa poderia trazer para o desenvolvimento da atividade física e esporte na cidade de Porto Velho, de imediato houve, por parte do secretário, interesse, motivação e aceitação em contribuir com a pesquisa.

No decorrer da entrevista, a pesquisadora observou que o secretário em exercício portou-se de forma prestativa, e demonstrou empenho e preocupação com a oferta de um serviço de qualidade à população, bem como não mediu esforços para que as informações fossem disponibilizadas, sem restrição. Com relação aos demais profissionais que foram entrevistados no GPS-PVH, não houve dificuldades para a realização das entrevistas. A realização de entrevista ocorreu em dias e horários diferenciados, em conformidade com a disponibilidade de atendimento dos participantes.

E, tratando-se, do comportamento dos entrevistados, de forma geral, foi possível observar que os entrevistados como profissional da área e gerente de esporte demonstravam insegurança e receio quanto às suas respostas. Em contrapartida, os entrevistados na condição de gestor e ex-gestor, além da segurança demonstrada nas respostas, deixaram explícito o caráter político e partidário como o ponto de partida para a gestão das políticas públicas na cidade de Porto Velho, nos dias atuais, assim como também destacaram que a ausência de uma política de estado, atrelada à dificuldade de se manter gestores com formação e conhecimento na área, tem contribuído para a realidade atual da cidade.

No caso específico do gestor em exercício na Semes/PVH, em virtude de ter assumido há pouco tempo a secretaria na época da pesquisa, para efeitos da entrevista com o roteiro, ele destacou que precisaria responder o roteiro em conjunto com sua equipe, pois ainda estava tomando conhecimento das ações e atividades da secretaria. Mas que, posteriormente, estaria à disposição para esclarecer dúvidas e dar informações que a pesquisadora necessitasse. A partir da interação com sua equipe técnica, o entrevistado entregou por escrito as respostas digitadas, mediante a contato formal com a pesquisadora, momento este em que o gestor fez esclarecimentos acerca das informações digitadas, bem como quanto às projeções e desafios para gerenciar uma secretaria de esportes e lazer.

Em relação aos procedimentos para realização da entrevista, buscou-se mapear as políticas públicas para a atividade física e esportes. Para tanto, foi estruturado um roteiro de entrevista em três categorias: 1. mapeamento das políticas públicas para a atividade física e esporte; 2. mapeamento dos espaços para atividade física e esporte; e 3. mapeamento do atendimento à população. Para cada categoria formulou-se perguntas que foram seguidas para realização da pesquisa junto ao grupo de profissionais da secretaria da seguinte forma:

1ª CATEGORIA: formulou-se questionamentos relacionados ao diagnóstico das diretrizes e políticas que norteiam o planejamento, implantação e oferecimento dos programas e projetos das secretarias de esporte e lazer estadual e municipal no município de Porto Velho (RO).

2ª CATEGORIA: consistiu na caracterização das condições das estruturas físicas dos espaços, bem como da quantidade e disponibilidade desses espaços para atendimento às necessidades da população de Porto Velho (RO).

3ª CATEGORIA: pautou-se no levantamento de informações acerca de como ocorre o atendimento da secretaria de esportes nos espaços de atividade física, e quais são os objetivos e as ações desenvolvidas.

4.4 CARACTERIZAÇÃO DO ESPAÇO DE ATIVIDADE FÍSICA

A pesquisa foi realizada no período entre 2013 e 2014, na Secretaria Estadual de Esportes e Lazer do estado de Rondônia (Secel/RO) e na Secretaria Municipal de Esportes e Lazer (Semes), localizadas no município de Porto Velho, e também em 4 espaços informados pela Semes e Secel

POLÍTICAS PÚBLICAS E ATIVIDADE FÍSICA NA AMAZÔNIA

como sendo os locais públicos disponíveis para a prática da atividade física e esporte mais frequentados pela população de Porto Velho: Deroche; Espaço Alternativo; Parque da Cidade e o Skate Parque.

O motivo da escolha dos referidos espaços públicos deve-se ao fato de que foi possível constatar, de forma empírica, por meio de estudo experimental realizado por Bernaldino *et al.* (2010), também a partir de informações da Semes e Secel, que há um fluxo grande de pessoas que praticam atividade física e/ou esporte nos respectivos locais, o que os tem caracterizado como os mais procurados pela população da cidade de Porto Velho. Dessa forma, objetivando uma melhor familiarização e conhecimento, segue abaixo a caracterização dos espaços investigados.

Espaço Deroche – sob responsabilidade da Secel, está localizado na zona central da cidade de Porto Velho. No período de coleta dos dados da pesquisa, o espaço havia passado por uma reforma na sua estrutura física e apresentava-se da seguinte forma: dispõe de duas quadras de areia; duas quadras de futsal; um campo de futebol gramado; e uma pista de caminhada. Também há uma área calçada com brita na qual estão dispostos 9 aparelhos para a realização de exercícios físicos resistidos, além de um espaço destinado à musculação, que foi construído e organizado pelos próprios frequentadores do local.

No local há um fluxo significativo de pessoas que fazem atividades físicas, nos turnos da manhã, tarde e noite. Sendo que no período compreendido entre as 17h e as 19h, o fluxo populacional é mais intenso, sendo considerado como o horário de maior preferência para a realização de atividades físicas no espaço.

Complexo Espaço Alternativo – popularmente conhecido Espaço Alternativo, no período de realização da pesquisa era também identificado como como pista da Jorge Teixeira, tendo em vista que nos horários de funcionamento, parte da Avenida Governador Jorge de Teixeira de Oliveira era fechada para prática de atividades físicas e/ou esportes diversificados. O complexo localiza-se na zona Norte da cidade de Porto Velho. Diariamente, recebe um fluxo intenso de pessoas que utiliza a pista, a calçada e a grama em horários específicos para a prática de atividades física, esporte e lazer.

De acordo com informações fornecidas pelas secretarias de esporte e lazer, o Espaço Alternativo é de responsabilidade da Aeronáutica. Entretanto, em virtude de aspectos históricos, culturais e sociais que permeiam a utilização do espaço ao longo dos anos pela população na cidade, o poder público, nas esferas federal, estadual e municipal, interrompia todos os dias o trânsito na avenida em períodos distintos: das 05h às 08h e das 16h às 21h.

Assim, parte da avenida era isolada, mais especificamente, a via de retorno do Aeroporto Governador Jorge Teixeira de Oliveira. No perímetro isolado, inúmeras pessoas com faixas etárias variadas, advindas de diferentes zonas da cidade de Porto Velho utilizam o local para a prática de atividade física de caminhada, corrida, ciclismo e inclusive lazer e integração com a família e os amigos, até o horário aproximado das 21h.

Aos finais de semanas, a quantidade de pessoas que usa o espaço para a prática da atividade física e esporte é mais concentrado e significativo. Há espaço para realização de exercícios de alongamento, força abdominal e de membros superiores. Um dado importante que merece destaque diz respeito ao período posterior à coleta de dados da pesquisa: de acordo com informações do Departamento de Comunicação de Rondônia – Decom/RO, divulgadas na mídia (*Jornal Amazônia da Gente*), em janeiro de 2014 existia um projeto de reforma do Espaço Alternativo no valor de R$ 20 milhões, sob o qual o Governo Estadual apresentaria a proposta de torná-lo um completo espaço público para prática esportiva e atividades de lazer do estado de Rondônia (Decom/RO, 2014).

Segundo o Decom/RO (2014), no novo espaço, pretendia-se construir, quadras esportivas, campo com grama sintética, quadras de areia, pista de caminhada, pista de atletismo, pista de skate, quiosques, anfiteatro, além do paisagismo e aparelhamento para uso público, com academia ao ar livre e playgrounds. A construção do Complexo Espaço Alternativo era parte do Projeto Canais da Cidadania, que prevê a revitalização e a urbanização de córregos urbanos, transformando-os em locais adequados para práticas esportivas.

Em junho de 2014, conforme informações do Decom/RO (2014), divulgadas pelo jornal on-line (*Rondônia Dinâmica*), o espaço já estava em ritmo de construção, conforme o engenheiro responsável pelo acompanhamento da obra no Novo Espaço Alternativo. A obra prevista apresentava 2,2 km de extensão. A parte de drenagem e movimentação de terra já estavam concluídas, e então começava a parte de urbanização. De modo que, até a etapa final da pesquisa, a obra do Novo Espaço Alternativo havia sido iniciada, porém, não estava concluída.

Em meados do ano de 2017, frente à conclusão da reforma em sua estrutura, o Complexo Espaço Alternativo, já sob a responsabilidade de Sejucel, atendia diariamente um fluxo populacional de usuários que frequentava diariamente o espaço para a prática da de atividades físicas diversificadas, como caminhada, corrida, ciclismo, danças, ginásticas, skate, patins, e exercícios funcionais. Localizado na Avenida Jorge Teixeira, caracterizada como uma via de mão dupla, no horário das 16h às 21h, uma das vias da Avenida é isolada em um trecho de 10 km. O espaço recebe frequentadores de diversas classes sociais e faixas etárias (BERNALDINO *et al.*, 2021).

Atualmente, o Espaço Alternativo é utilizado pela população de Porto Velho para atividades esportivas e de lazer, mas também é considerado um ponto turístico da cidade. No local, há réplicas de monumentos históricos como o trem da Ferrovia Madeira-Mamoré e a Muralha do Real Forte Príncipe da Beira, além de exposições de fotos de pontos turísticos e outros atrativos que melhoram a experiência dos usuários (PORTAL DA CIDADE DE PORTO VELHO, 2023).

Nesse contexto, as obras de revitalização do espaço impactam diretamente no bem-estar e na qualidade de vida e fortalecem o turismo e a identidade cultural do estado de Rondônia, especialmente na cidade de Porto Velho. Isso posto, novos projetos de reforma do Espaço Alternativo estabeleceram necessidades de melhorias na infraestrutura, equipamentos e iluminação.

Assim, as obras de reforma do Espaço Alternativo em Porto Velho foram retomadas em 2023, inicialmente com prazo de entrega até outubro daquele ano. Porém, a conclusão foi adiada devido à inauguração da Avenida Santos Dumont, que ligava as avenidas Jorge Teixeira e Rio Madeira. Como resultado, a data prevista de conclusão foi adiada para 2024 (RONDONIAOVIVO, 2023).

Entre as benfeitorias a serem entregues com a reforma, de acordo com o portal G1 Rondônia (2023), são destaques a revitalização da locomotiva e a construção de um estacionamento com área de 43.416 metros quadrados, com 1.593 vagas para automóveis, 607 para motocicletas e 64 para bicicletas.

Além disso, outras obras estão sendo realizadas no local, como: a reparação de calçadas danificadas; substituição de antigos ginásios exteriores por novos equipamentos de ginástica tubulares; remoção de parques infantis antigos e construção de novos; construção de um parque canino para entretenimento de animais de estimação; implementação de nova ciclovia e sinalização rodoviária; remodelação de relógios digitais, sinalizações e gateways; revitalização de pérgolas, áreas de descanso, bancos e mesas (G1 RONDÔNIA, 2023).

Vale destacar que em abril de 2023, uma parceria entre o governo de Rondônia e a prefeitura de Porto Velho possibilitou a revitalização de 700 pontos de iluminação do Espaço Alternativo, equipados com luminárias LED modernas e sustentáveis, resultando em energia Economia de até 60% (PORTAL DA CIDADE DE PORTO VELHO, 2023).

Espaço Parque da Cidade –está sob a responsabilidade da Prefeitura. Contudo, no que se refere à secretaria responsável pelo espaço, observou-se divergências, tendo em vista que houve afirmações, no grupo pesquisado de profissionais e gestores das secretarias de esporte e lazer, de que o espaço é de responsabilidade da Semes/PVH, em contrapartida houve aqueles que ressaltaram que a responsável é a Endur/PVH, a Semas/PVH. Todavia, no decorrer da pesquisa, foi confirmado pela Semes/PVH que a secretaria responsável pelo parque era a Endur/PVH.

O Parque da Cidade é fruto de uma compensação social decorrente da instalação do Shopping Porto Velho e dispõe de um campo de futebol, duas quadras de vôlei de praia, um playground, uma pista de caminhada/corrida e duas academias ao ar livre. O espaço é aberto à população nos períodos manhã, tarde e noite, encerrando às 21h00min. O local recebe um fluxo populacional composto por diferentes faixas etárias, oriundas das diferentes zonas da cidade.

Espaço Parque Jardim das Mangueiras ou popularmente conhecido *Skate Parque* – está localizado na zona leste da cidade de Porto Velho e está sob a responsabilidade da Prefeitura. O espaço é bem arborizado, conta com uma pista de caminhada, três áreas para skate. Conforme reportagens divulgadas na mídia por intermédio dos jornais on-line, no ano de realização da pesquisa, o espaço ainda estava em reforma e, visualmente, no espaço destinado à prática de atividade física e esporte existia muito mato, bem como a iluminação apresentava-se precária.

De acordo com Silva (2012) o Skate Park, desde a sua inauguração em 2009, é muito utilizado para a prática de caminhadas, mas por conta de alguns problemas de infraestrutura e do mato que estava alto muitas pessoas deixaram de frequentar o local. Comumente, a população faz uso do espaço nos períodos da manhã e tarde, sendo o de maior intensidade o período da tarde.

No local frequentam pessoas de diferentes faixas etárias e das mais variadas zonas da cidade, porém, de forma mais acentuada, a população da zona leste, tendo em vista que esse espaço de atividade física e esporte, mesmo em reforma, é considerado o único da região com a estrutura mais adequada para a prática de atividade física e esporte pelos diferentes segmentos da população.

O local, no período de realização da pesquisa, foi considerado pelos frequentadores como violento (há alto índice de roubos e consumo de drogas, em qualquer horário do dia), devido à falta de segurança e monitoramento do espaço. Contudo, mesmo assim, a população permaneceu fazendo uso do espaço para realização de suas atividades. Conforme relato de policiais que estavam fazendo atividade física na localidade, eles destacaram que já receberam inúmeros pedidos de registro de ocorrências de assaltos ocorridos no espaço pelos frequentadores. E, ainda segundo os policiais, os usuários são assaltados em qualquer horário do dia, sendo no período noturno o risco maior.

Em relação à necessidade de melhoria da estrutura física do espaço e a falta de segurança identificada no período de realização do estudo de caso, mais especificamente entre os anos de 2013 e 2014. É pertinente salientar que a reforma do Parque Jardim das Mangueiras foi iniciada em outubro de 2012, com previsão de entrega após quatro meses. Contudo, até o final da pesquisa, no ano de 2014, a reforma não havia sido concluída.

No ano de 2019, a obra, que estava abandonada desde 2012, foi retomada no intuito de revitalizar a pista de caminhada com asfalto novo, a quadra poliesportiva, espaço para prática de zumba, academia ao ar livre, nova iluminação, banheiros, dentre outros. Além disso, com recursos próprios da prefeitura, houve investimento na ordem de R$ 1,3 milhão para revitalização do referido parque (TUDO RONDÔNIA, 2019).

Como projeto de reforma, a infraestrutura do parque foi ampliada e passou a contar com playground, área de conveniência, academia ao ar livre, estação para treinamentos, campo de futebol, duas quadras de areia, duas quadras poliesportivas, e espaço exclusivo para práticas de esportes como skate e bicicletas.

Posteriormente, a Semes/PVH iniciou uma reforma para fins de atendimento dos usuários que frequentam o parque para prática de atividades físicas, como corrida, caminhada, skate, vôlei e esportes de salão. Dentre as benfeitorias, como a reforma, houve a iluminação do parque para funcionamento no período noturno; aumento do policiamento; limpeza da área verde; e reforma da pista de caminhada/corrida, que saiu da estrutura de uma pista com brita para uma pista com massa asfáltica (BERNALDINO et al., 2021).

Entre 2021 e 2022, a revitalização do Parque Jardim das Mangueiras foi coordenada pela Secretaria Municipal de Meio Ambiente e Desenvolvimento Sustentável (Sema) em parceria com a Empresa de Desenvolvimento Urbano de Porto Velho (Emdur). Dentre as melhorias na estrutura do local, destacam-se: a reforma da pista de skate, (conhecida como pista do Half) e construção de uma nova; a construção e entrega de duas quadras grandes de esportes; a instalação de um playground; montagem de um espaço para exercícios funcionais; pavimentação da calçada com piso tátil; ampliação de banheiros; instalação de lâmpadas de LED na pista de caminhada e inserção de uma área administrativa (SABINO, 2021; RONDONIAGORA, 2022).

Por conseguinte, no ano de 2022, pautadas na vigilância patrimonial, as secretarias de Obras (Semob), Serviços Básicos (Semusb), Resolução Estratégica e Contratos (Semesc), a Empresa de Desenvolvimento Urbano (Emdur) e a Secretaria Geral de Governo (SGG), implantou um projeto para readequação dos banheiros e revitalização do local que contará com grades de proteção no entorno do espaço, no intuito de concretizar o projeto de infraestrutura do Parque Jardim das Mangueiras e contribuir com o bem-estar e a segurança dos moradores (SABINO, 2022). O objetivo é também transformar o parque em uma área de preservação ambiental.

A transformação do Parque Jardim das Mangueiras como Área de Proteção Ambiental (APA) veio por meio do Decreto n.º 18.374, de 16 de agosto de 2022 com o objetivo de proteger o igarapé local e suas respectivas nascentes, que se encontram inseridos na Área Verde Municipal. Com destaque, há no espaço 12 nascentes, 7,14 hectares com vegetação natural, e no inventário das espécies arbóreas foram registrados 68 tipos de diferentes espécies, 461 árvores, fora as mangueiras que dão nome ao Parque. Em face a vegetação natural e especificidade da área, a pretensão, em seguida, é difundir a forma de "corredor ecológico" ou "mosaico", um projeto sustentável de preservação dessa área urbana na cidade de Porto Velho (FARIAS, 2022).

Atualmente, no skate parque, a população pode usufruir de pista de caminhada pavimentada, quadras esportivas, pista de skate e patins, brinquedos para as crianças, academia ao ar livre e amplo espaço para piqueniques. O espaço iluminado com lâmpadas de LED contribui para a prática de caminhadas, passeios, atividades religiosas e práticas esportivas, inclusive durante a noite, com horário de funcionamento diariamente das 5h à meia-noite.

4.5 O USUÁRIO DO ESPAÇO PÚBLICO DE ATIVIDADE FÍSICA

Composto por 204 usuários de quatro espaços (Deroche, Espaço Alternativo, Skate Parque e Parque da Cidade) de atividade física e esportes tidos como locais mais frequentados pela população na cidade de Porto Velho. Na pesquisa, os usuários dos respectivos espaços, localizados em zonas distintas da cidade, foram identificados como grupo 2. Para seleção do quantitativo de usuários do grupo 2 envolvidos em cada espaço, considerou-se a distribuição por zona/espaço. Na Zona Central (ZC), foram investigados 51 frequentadores do Espaço Deroche (ED); na Zona Norte (ZN), investigou-se 102 frequentadores, sendo 51 do Espaço Parque da Cidade (EPC) e 51 do Espaço Alternativo (EA); e na Zona Leste (ZL), foram investigados 51 frequentadores do Espaço Skate Parque (SKP).

Como estratégia para seleção dos usuários dos espaços de atividade física, recorreu-se ao critério de aceitação e caráter voluntário de participação do usuário no momento em que estavam realizando atividade física e/ou esporte nos espaços, concomitantemente com o período em que a pesquisadora procedeu à coleta de dados nos locais. Em relação ao envolvimento dos usuários dos espaços públicos, na cidade de Porto Velho, optou-se pela utilização da estatística não probabilística, uma vez que estatisticamente os sujeitos participantes do grupo 2 não são representativos da população total dos locais estudados.

É importante destacar que sendo a referida pesquisa um estudo de caso, não foram utilizadas técnicas de cálculo amostral. Desse modo, os participantes da pesquisa foram selecionados de forma aleatória por voluntariado. Ademais, a opção pela utilização do método de estudo de caso no momento da coleta, para fins de caracterização do usuário dos espaços públicos de atividade física e esporte, realizou-se por meio de questionário e do perfil do usuário por zona de localização na cidade e espaço frequentado, e estes estão apresentados nos resultados da pesquisa.

Cabe esclarecer que, por zona de localização na cidade, consideraram-se as respostas de 51 frequentadores e o valor total de 204 respostas dos usuários. Dessa forma, para composição do número de usuários participantes do grupo 2, inicialmente, foi realizado um piloto da coleta de dados com 45 frequentadores dos espaços selecionados, no intuito de verificar a estrutura, aceitação e adequabilidade das perguntas para fins de se alcançar os objetivos da pesquisa.

A realização do piloto aconteceu em um período de sete dias e teve por finalidade testar a adequabilidade, o entendimento e a viabilidade das perguntas do questionário. Nessa etapa participaram 45 frequentadores, distribuídos nos seguintes espaços: Espaço Deroche (15 frequentadores), Skate Parque (8 frequentadores), Espaço Alternativo (12 frequentadores) e Parque da cidade (10 frequentadores). Após o piloto, no segundo momento, a pesquisa foi ampliada e participaram mais 159 frequentadores distribuídos em igual número nos espaços investigados.

Com relação ao perfil, os frequentadores são indivíduos maiores de 18 anos, de ambos os sexos, que têm no mínimo a educação básica e pertencem à classe econômica e social distintas. Utilizam os espaços de atividade física e esporte em diferentes períodos do dia, além de praticarem atividades com objetivos e finalidades diversificadas. Em relação a período e horário, o piloto foi realizado pelo período de uma semana contemplando horários da manhã e tarde no espaço Skate Parque, e em todos os horários, Deroche, Espaço Alternativo e Parque da Cidade.

No que se refere à duração de cada questionário, o que observou-se por meio do piloto é que, em média, o tempo de aplicação a cada frequentador variava entre 5 e 10 minutos, pois, além da necessidade de se cumprir os procedimentos éticos do estudo (objetivo da pesquisa, participação voluntária, leitura e assinatura do TCLE), os usuários demonstraram interesse e motivação quanto ao tema da pesquisa, o ponto de possibilitar estabelecer diálogos e levantamento de informações minuciosas que contribuíram diretamente no enriquecimento da pesquisa.

Os usuários dos espaços públicos foram abordados quando estavam realizando e/ou finalizando a prática de atividade física e/ou esporte nos espaços selecionados nesta pesquisa. A abordagem foi realizada individualmente e, na grande maioria dos casos, ocorreu nos aparelhos de alongamento e equipamentos de academia ao ar livre, tendo em vista que este foi o momento observado pela pesquisadora como sendo propício para abordar os frequentadores, pois estavam aparentemente mais tranquilos e à vontade para contribuir voluntariamente com a pesquisa.

POLÍTICAS PÚBLICAS E ATIVIDADE FÍSICA NA AMAZÔNIA

Em um primeiro momento durante o contato formal com os usuários dos espaços, eles foram informados a respeito dos objetivos e da importância de responder as questões do estudo com seriedade, ao mesmo tempo em que foram informados do caráter voluntário de sua participação na pesquisa, assim como também acerca dos procedimentos éticos, como confidencialidade do nome, sigilo das informações e sua utilização estritamente para fins acadêmicos, conforme proposto no TCLE. A partir da concordância do usuário em participar da pesquisa, este recebia uma cópia do TCLE assinado pela pesquisadora.

Após a aplicação do piloto, procedeu-se à realização da pesquisa propriamente dita. Para tanto, foram seguidos os procedimentos de abordagem destacados no piloto da pesquisa, mas com algumas variações para o espaço Skate Parque, que não dispunha de espaço para alongamento e academia ao ar livre. Assim, a pesquisa era realizada enquanto as pessoas estavam em deslocamento (durante a atividade física de caminhada), ou ainda em alguns casos, quando já estavam finalizando sua atividade.

Neste espaço, houve muita dificuldade para coleta dos dados, devido à sua extensa área, sendo totalmente aberto (sem delimitação com muros ou grades) e sem um local exato de entrada e saída. Por esse motivo, no momento da coleta, foi necessário caminhar ao mesmo tempo com os usuários para que a pesquisa fosse concretizada. Em média, para cada questionário aplicado, era percorrida uma volta completa na pista de caminhada.

No Espaço Alternativo, a abordagem aos frequentadores foi realizada individualmente em locais de alongamento ou quando já tinham terminado sua atividade física e esporte. No Espaço Deroche, a abordagem ocorreu de forma individual, também em locais de alongamento e em aparelhos de academia ao ar livre. Com relação à aceitação dos frequentadores em participar da pesquisa, durante a aplicação do piloto, no geral, não houve resistências e os frequentadores demonstraram boa receptividade, interesse e motivação em contribuir com a realização da pesquisa, assim, apenas um frequentador se recusou a participar da pesquisa, alegando falta de tempo.

No que diz respeito às dificuldades oriundas do piloto, pode-se destacar que a condição climática – período chuvoso – atrapalhou a coleta, justificando assim o quantitativo de frequentadores diferentes por espaço no estudo piloto. Com relação a eles, houve dificuldades no que se refere a explicar o motivo da escolha das respostas afirmativas ou negativas. Ademais, no Parque da Cidade, houve dificuldade quanto ao preenchimento do questionário de pesquisa, devido à pouca iluminação no ambiente no período da noite.

Após a realização do piloto, constatou que não houve dificuldades significativas que pudessem afetar a estrutura do questionário. E, ainda que a dificuldade oriunda da explicação do motivo das respostas afirmativas ou negativas por parte dos frequentadores poderia estar relacionada à falta de conhecimento deles, ou percepção acerca das competências e ações das secretarias de esportes, no âmbito do estado e município, tendo, então, optado por seguir a estrutura do piloto. Haja vista que a partir dele foi possível visualizar já de forma prévia, a ausência de políticas públicas consolidadas nos espaços de atividade física e esporte.

A partir da realização do piloto, foi aplicado o questionário com 159 frequentadores dos espaços selecionados nesta pesquisa, num período equivalente a 7 dias de coleta. Os questionários foram aplicados de forma contínua no período de segunda a domingo, com uma média de 22 questionários por dia, no horário compreendido entre 16h e 21h, na seguinte ordem: no 1º dia, foram aplicados os questionários nos espaços Parque da Cidade, Espaço Alternativo e Skate Parque; no 2º dia, nos espaços Skate Parque, Deroche e Parque da Cidade; no 3º dia, nos espaços Deroche e Parque da Cidade; no 4º dia, nos espaços: Deroche e Parque da Cidade; no 5º dia, no Espaço Alternativo e Skate Parque; no 6º dia, no espaço Skate Parque; e no 7º dia, nos espaços Alternativo e no Skate Parque.

A escolha do período tarde e noite para a aplicação dos questionários da pesquisa é justificada devido a maior fluxo de frequentadores nos respectivos espaços. No caso do espaço Skate Parque, o horário foi diferenciado devido à ausência total de iluminação no período noturno, portanto, a coleta foi realizada no horário das 16h às 18h.

Com relação à estrutura do questionário, esta organiza-se em três partes. Na primeira parte, foram elaboradas 10 perguntas mistas para levantamento do perfil do frequentador dos espaços. Na segunda parte, formulou-se 7 perguntas para diagnóstico da estrutura, organização e disponibilidade dos espaços de atividade física e esporte em Porto Velho. Dentre as perguntas, seis são mistas e uma aberta. E, na terceira e última parte, elaborou-se 4 perguntas sobre o oferecimento e o atendimento dos programas e projetos da Semes e Sejucel nos espaços, sendo uma pergunta aberta e três mistas, além de 5 questões mistas em relação à prática da atividade física nos espaços de atividade física e esporte.

4.6 ANÁLISE E INTERPRETAÇÃO DA ENTREVISTA E DO QUESTIONÁRIO

Para análise dos dados recorreu-se aos recursos qualitativos da análise de conteúdo e método de interpretação dos sentidos, para apresentação dos dados da entrevista, e aos recursos quantitativos do Programa estatístico SPSS, versão 17 para apresentação das categorias nominais e ordinais propostas no questionário de pesquisa e aplicação do teste qui-quadrado. Na análise dos dados do grupo 1, a categorização foi inspirada na análise de conteúdo da entrevista fundamentada no método de interpretação de sentidos das categorias temáticas em conformidade com os objetivos da pesquisa.

Para interpretação dos dados com base na técnica de análise de conteúdo de Bardin (2011) e no método de interpretação de sentidos de Ferreira; Gomes; Minayo (2011), foram consideradas: a transcrição das respostas na íntegra; a descrição e a análise de fragmentos do conteúdo das respostas; e a utilização do método de interpretação de sentidos para compreensão (hermenêutica) e crítica (dialética) acerca das informações geradas.

> Segundo Ferreira; Gomes; Minayo (2011, p. 97), o método de interpretação de sentidos adaptado da obra de Bardin (1979), trata-se de uma perspectiva das correntes compreensivas das ciências sociais que analisa palavras, ações, conjuntos de inter-relações, grupos, instituições, conjunturas, dentre outros campos analíticos.

Para apresentação dos dados das entrevistas, as respostas obtidas foram organizadas em quadros demonstrativos obedecendo às categorias de análise temática previamente definidas, em conformidade com o roteiro estruturado. Para efeito de organização e exposição cronológica das respostas, considerou-se nos quadros demonstrativos as características profissionais dos grupos estudados (gestores, ex-gestores e profissionais de educação física).

Na entrevista foram obedecidas as três etapas de interpretação dos dados. Assim, a primeira etapa consistiu na observação das particularidades e transcrição em quadro demonstrativo das respostas na íntegra do roteiro de entrevista, obedecendo às categorias temáticas previamente estabelecidas, sob as quais foram identificados os temas que seriam analisados no conteúdo das entrevistas. E assim foram elencadas três categorias de análise temática apresentadas na ilustração abaixo:

Categoria temática 1	Categoria temática 2	Categoria temática 3
•Mapeamento das políticas públicas para atividade física e esporte em Porto Velho.	•Caracterização dos espaços para prática de atividade física e esporte em Porto Velho.	•Caracterização do atendimento das Secretarias de Esporte e Lazer à população do município de Porto Velho.

Com base na estrutura de análise montada por categoria temática, a segunda etapa caracterizou-se pelo recorte dos trechos da fala dos entrevistados e na identificação das ideias explícitas e implícitas, como por exemplo: questionamentos; pontos em comum; contradições. Nessa etapa, estruturaram-se três categorias: 1) mapeamento das políticas públicas para atividade física e esporte em Porto Velho; 2) caracterização dos espaços para a prática de atividade física e esporte em Porto Velho; 3) caracterização do atendimento das Secretarias de Esporte e Lazer a população do município de Porto Velho. Para cada categoria foram considerados e analisados os núcleos de sentidos conforme ilustração abaixo:

Mapeamento das políticas públicas para atividade física e esporte em Porto Velho.	•1) diretrizes norteadoras da atividade física e esporte; •2) políticas e programas de atividade física e esporte; •3) programa e projetos oferecidos; •4) público atendido; •5) organização das atividades.
Caracterização dos espaços para a prática de atividade física e esporte em Porto Velho.	•1) estrutura física dos espaços na cidade; •2) espaços disponíveis para prática de atividade física e esporte; •3) espaços existentes para atividade física e esporte; •4) espaços reformados e/ou a ampliados para a prática da atividade física e esporte; •5) espaços mais frequentados; •6) aproveitamento de espaços ociosos.
Caracterização do atendimento das Secretarias de Esporte e Lazer à população de Porto Velho	•1) oferecimento de atividade física e esporte; •2) recursos humanos e atendimento profissional nos espaços de atividade física e esporte; •3) finalidade dos programas e projetos; • 4) projetos de promoção da saúde e qualidade de vida.

As respostas das entrevistas foram organizadas em quadros e apresentadas conforme os grupos (GPS-RO e GPS-PVH). Utilizou-se a nomenclatura, "entrevistado" e as variações "RO" e "PVH" para a identificação dos participantes da pesquisa nos dois subgrupos, obedecendo à seguinte estrutura: (**Entrevistado 1**), caracterizado como "ex-gerente" no GPS-RO e, no GPS-PVH, "ex-gestor"; (**Entrevistado 2**), no GPS-RO caracterizado como "ex-gerente" e, no GPS-PVH, "ex-gestor"; (**Entrevistado 3**), considerado "profissional da área" em ambos os entrevistados do subgrupo (GPS-RO e GPS-PVH); (**Entrevistado 4**), considerado "gerente de esportes" para ambos (GPS-RO e GPS-PVH); (**Entrevistado 5**), considerado como "gestor" para ambos os entrevistados dos subgrupos.

Para análise dos resultados, levou-se em conta a distribuição dos espaços por zona na cidade, para aplicação do teste estatístico qui-quadrado e, quando necessário, o teste exato de Fisher, para fins de melhor compreensão, associação e precisão na análise das respostas. De acordo com Barbetta (1999), o teste qui-quadrado é utilizado quando se pretende testar a significância de associação entre duas variáveis qualitativas dispostas em categorias.

Com relação à apresentação dos dados do Grupo 2 (usuários dos espaços públicos), as variáveis categóricas (nominal e ordinal) foram organizadas considerando a região de localização dos espaços na cidade (zona central, zona norte e zona leste). Portanto, nesse formato, foram analisadas três zonas: *Zona Central (ZC)* – verificação das respostas dos frequentadores do espaço "Deroche"; *Zona Norte (ZN)* – verificação dos frequentadores dos espaços "Parque da Cidade" e "Espaço Alternativo"; e a *Zona Leste (ZL)* – verificação dos frequentadores do Skate Parque. Para a sistematização das respostas dos questionários, foram obedecidas três categorias, conforme ilustração abaixo:

> **Categoria 1**
>
> • Perfil do frequentador dos espaços de atividade física e esporte.

> **Categoria 2**
>
> • Caracterização dos espaços de atividade física e esporte.

> **Categoria 3**
>
> • Atendimento e prática da atividade física nos espaços de atividade física e esporte.

Na categoria 1, as variáveis (idade, grau de instrução, tipo de atividade física e/ou esporte, horário e motivos da prática) foram ajustadas para fins de tratamento estatístico do teste qui-quadrado. De modo que, para a análise da variável idade, foi obedecido o proposto na tabela de Winter (1977) e adotou-se a seguinte nomenclatura: Adulto jovem (indivíduos com idade entre 18 e 30 anos); Adulto médio (indivíduos com idade entre 31 e 49 anos); Adulto posterior (indivíduos com idade entre 50 e 70 anos); e Adulto tardio (indivíduos com idade superior a 70 anos).

Quanto à variável grau de instrução, foi considerada a nomenclatura Educação Básica, para as respostas ensino fundamental e ensino médio; a nomenclatura Educação superior para os usuários graduados em curso superior. Em relação ao tipo de atividade física e/ou esporte praticado pelo frequentador, para efeito de sistematização das respostas considerou-se as respostas dos frequentadores que informaram realizar apenas uma atividade física no espaço e as respostas dos usuários dos espaços que fazem mais de uma atividade física e/ou realizam práticas esportivas diversificadas no mesmo espaço.

Dessa forma, na sistematização das respostas, foram obedecidas três subcategorias da seguinte forma:

Subcategoria 1:
Usuários que praticam apenas uma atividade física
- Caminhada

Subcategoria 2:
Usuários que praticam atividades diversificadas
- Corrida, exercícios de musculação, ginástica, alongamento,

Subcategoria 3:
Usuários que praticam esportes diversificados
- Ciclismo, esportes radicais, skate, futebol e basquete.

Ao tratar da variável horário de frequentação dos espaços, para fins de sistematização, considerou-se os turnos manhã, tarde e noite. O turno da manhã compreendia o horário das 05h30 às 09h30; no turno da tarde, foi representado o período das 16h às 18h; e, no turno da noite, considerou-se o horário entre as 18h às 22h.

Para a variável Motivos da prática da atividade física e/ou esportes, considerou-se os que informaram apenas um motivo da prática da atividade física e esporte, e outros que ressaltaram Motivos diversos, dentre os quais podem destacar: prevenção e promoção da saúde, condicionamento físico, recomendação médica, lazer, estética e por gosto.

Em relação às categorias 2 – Caracterização dos espaços de atividade física e esporte – e 3 – Atendimento e prática de atividade física e esporte), para fins de tratamento estatístico, considerou-se a apresentação das respostas fechadas "sim" e "não", ao mesmo tempo que se recorreu ao tratamento qualitativo para explicar nas perguntas os "porquês" das respostas afirmativas e negativas. Quanto às questões abertas, a categorização ocorreu por aproximação das respostas.

Na categoria 2 (caracterização dos espaços de atividade física e esporte), para o tratamento qualitativo dos "porquês", foram obedecidas as seguintes subcategorias: 1) Adequação do espaço; 2) Iluminação no local; 3) Disponibilidade e condições dos equipamentos; 4) Reforma ou ampliação dos espaços; 5) Necessidade de novos espaços; 7) Demanda populacional por espaços; 8) Sugestões de melhoria nos espaços como disposto no quadro 1. Em se tratando desta última subcategoria, por se tratar de pergunta aberta, foram consideradas como síntese interpretativa das respostas: 1) Reforma e manutenção do espaço físico e aparelhos; e 2) Orientação profissional.

Quadro 1. Demonstrativo da sistematização qualitativa da Categoria 2 – Caracterização dos espaços de atividade física e esporte – Frequentadores – Porto Velho, 2013

Adequação do espaço	
Por que respondeu "Não"	**Por que respondeu "Sim"**
Falta estrutura, segurança, limpeza e manutenção do espaço; precisa ampliar a quantidade de aparelhos; aparelhos impróprios; falta orientação profissional; pista de caminhada e corrida imprópria.	O espaço é bom para caminhada e corrida; são poucos espaços para atender a população; o espaço é adequado, mas precisa melhorar os aparelhos, a pista, a limpeza; falta um parque para as crianças.
Iluminação no local	
Por que respondeu "Não"	**Por que respondeu "Sim"**
Não destacou motivos.	Não destacou motivos.
Disponibilidade e condições dos equipamentos	
Por que respondeu "Não"	**Por que respondeu "Sim"**
Os equipamentos que existem são inadequados e impróprios para o uso.	Os espaços são inadequados; condições precárias e insuficientes; os equipamentos estão concentrados em locais específicos na cidade; há somente barras de alongamentos.
Reforma ou ampliação dos espaços	
Por que respondeu "Não"	**Por que respondeu "Sim"**
Não explicou o motivo do "não".	Criação da academia ao ar livre; adequação do Espaço Alternativo; reforma do Skate Parque e Parque Circuito; reforma e inauguração do espaço Deroche e Areal da Floresta; melhorias e ampliação no Parque da Cidade; ampliação e cobertura dos aparelhos disponíveis nos espaços da cidade.

Necessidade de novos espaços	
Por que respondeu "Não"	**Por que respondeu "Sim"**
Precisa apenas melhorar os locais que existem; os locais que existem são suficientes.	Incentiva a prática da atividade física e esporte; os espaços existentes estão concentrados e distantes; espaço não atende a demanda da população; oferta de espaço público em cada bairro da cidade; a demanda da população é grande e os espaços atendem parcialmente a população; estimular a promoção da saúde, lazer e bem-estar da população; os espaços não estão adequados.
Demanda populacional por espaços	
Os espaços são distantes e mal distribuídos; espaços inadequados; falta estrutura; existem poucos espaços e a demanda é grande; precisa melhorar os espaços existentes e os aparelhos da academia ao ar livre.	Os espaços são suficientes, o que falta é melhorar a estrutura e o atendimento; há carência de atendimento à população que mora distante dos espaços de atividade física.

Fonte: dados da pesquisa, 2013

Com relação à Reforma e manutenção do espaço físico e aparelhos, foram consideradas as seguintes respostas dos frequentadores:

a. melhorar a estrutura da quadra de vôlei, basquete e o local de alongamento;

b. aproveitar as áreas abandonadas;

c. ampliar os espaços e aparelhos com equipamentos diversificados e sofisticados da academia ao ar livre, para atender todos os segmentos da população, inclusive os idosos;

d. manutenção e cobertura dos equipamentos de academia ao ar livre nos espaços;

e. melhorar a iluminação, segurança, saneamento básico e policiamento no local;

f. disponibilizar espaço para pessoa com deficiência física, ciclistas e parque para as crianças;

g. melhorar e estrutura da pista de caminhada e do estacionamento com calçamento adequado, tendo em vista que no período de chuva ficam alagados;

h. adequação dos banheiros e bebedouros às necessidades do espaço;

i. limpeza dos espaços;

j. disposição nos espaços de lixeiras e sinalização, com locais para comercialização de água e alimentos saudáveis;

k. ampliar a área de lazer e campos de futebol.

Com relação à categoria 3 – Atendimento e prática da atividade física e esporte– , foram obedecidas as seguintes subcategorias: 1) Percepção dos programas e projetos da secretaria; 2) Participação em programas e projetos; 3) Programas e projetos de promoção da saúde; 4) Avaliação do atendimento da secretaria; 5) Orientação profissional; 6) Frequência semanal; 7) Resultados alcançados; 8) Satisfação com a prática da atividade física.

Para sistematização das subcategorias foram levados em consideração três aspectos: a presença de perguntas abertas; a existência de questões mistas que dispunham de afirmativas e negativas, concomitante com as perguntas que não dispunham do "sim" e do "não"; e as possíveis justificativas destacadas nas respostas dos frequentadores. Com relação às perguntas abertas, no caso específico da subcategoria "Percepção dos frequentadores acerca dos programas e projeto da Semes/PVH e Secel/RO", no momento da sistematização das respostas, a pesquisadora observou que, a partir da aproximação das respostas, em geral, foram delineadas duas situações: os Frequentadores que conhecem, e os Frequentadores que desconhecem.

Dessa forma, optou-se por manter as duas situações como síntese interpretativa da subcategoria: foi considerado como Frequentadores desconhecem aquele que se limitou a responder que "desconhecem" ou "não conhecem" os programas e projetos da Secel/RO e Semes/PVH.

Para sistematização das questões mistas com e sem afirmativas e negativas, a pesquisadora, conforme destacado anteriormente, optou por manter as afirmativas e negativas para efeitos de apresentação estatística dos resultados. Porém, a partir do quadro 2, são ilustrados os aspectos qualitativos que "justificam" as respostas afirmativas e negativas, bem como as informações complementares acerca de cada subcategoria.

POLÍTICAS PÚBLICAS E ATIVIDADE FÍSICA NA AMAZÔNIA

Quadro 2. Demonstrativo da sistematização qualitativa da categoria 3 – Diagnóstico do atendimento e prática da atividade física e esporte nos espaços – Porto Velho, 2013

Subcategoria	Justificativas
Participação em programas e projetos da secretaria	**Dos que responderam "sim":** informaram que participaram de campeonatos ou eventos esportivos/Joer; Dia do Desafio; Corrida do Fogo; eventos e passeios ciclísticos; Programa Saúde da Família; aulas de ginástica e dança. **Dos que responderam "não":** Não houve justificativas.
Programas ou projetos de promoção da saúde da secretaria	**Dos frequentadores que informaram "sim":** também salientaram que os programas e projetos não atendem à demanda populacional; para outros atendem parcialmente à demanda. **Dos que responderam "não":** Não houve justificativas.
Avaliação do atendimento da secretaria	**Dos frequentadores que avaliaram como "ruins":** destacaram que é devido à inexistência de ações contínuas nos espaços; e a ações isoladas.
Orientação profissional no espaço	**Dos frequentadores que destacaram "sim":** informaram também que a orientação profissional é esporádica e insuficiente; outros salientaram que, como ação de orientação profissional, é feita a avaliação de peso, estatura, medida da pressão arterial e orientação quanto ao uso dos aparelhos no parque da cidade; houve ainda aqueles que informaram que ocorre mediante a aulas de ginástica e alongamento no parque da cidade. **Dos que responderam "não":** quando existe orientação nos espaços, geralmente, é uma iniciativa de empresas privadas; outros relataram que naquele período não existia, mas já houve.
Utilização semanal do espaço	Não houve justificativas.
Tempo de permanência no espaço	Não houve justificativas.
Resultados da prática da atividade física ou esporte no espaço	**Dos frequentadores que destacaram melhoras:** no condicionamento físico e cardiorrespiratório; na saúde e qualidade de vida e bem-estar físico. **Dos que informaram não ter percebido resultados:** destacaram que haviam iniciado a prática da atividade física muito recente e, portanto, ainda não tinham percebido resultados.

Subcategoria	Justificativas
Satisfação com a prática de atividade física ou esporte no espaço	**Dos frequentadores que demonstraram insatisfação:** não houve justificativas. **Dos frequentadores que destacaram insatisfação:** evidenciou-se satisfação com a prática individual de atividade física, porém, quanto aos espaços estão insatisfeitos; outros informaram que falta orientação profissional; melhoria da infraestrutura dos espaços; e aparelhos de academia ao ar livre em condições de uso e quantidades suficientes.

Fonte: dados da pesquisa, 2013

Foram considerados como Frequentadores que conhecem, os que responderam: ter percepção que os programas e projetos são desenvolvidos sem periodicidade, a partir do oferecimento de atividades relacionadas ao esporte, lazer e ginástica aeróbica no Parque da Cidade; os que informaram que sabem da existência de projetos, porém, desconhecem o nome de algum deles; e os que ressaltaram que existem, mas há a necessidade de melhoria das ações, pois estas são insuficientes, isoladas e não atendem à demanda da população.

No que se refere à Orientação profissional, foram consideradas as respostas dos frequentadores que destacaram a necessidade da disponibilidade, por parte da secretaria, de profissionais qualificados e habilitados para orientar, motivar e acompanhar a prática da atividade física e esporte nos espaços, em especial o profissional de educação física e nutricionista; e também as respostas que informaram a ausência de orientação do profissional de educação física nos espaços e os que salientaram a importância da promoção de atividades físicas aeróbicas nos espaços pelos profissionais de educação física.

CAPÍTULO 5

DIMENSÃO POLÍTICA E SOCIAL DA ATIVIDADE FÍSICA EM PORTO VELHO: O OLHAR DO GESTOR E DO PROFISSIONAL

Na perspectiva de ampliar a discussão em torno do conceito e das contribuições das políticas públicas para atividade física na cidade de Porto Velho proposta no capítulo anterior, dentre os aspectos e contribuições conceituais levantadas, cabe destacar que as políticas públicas consistem em diretrizes e princípios norteadores de ação do poder público, que exigem regras e procedimentos para relações e mediação entre poder público e sociedade (TEIXEIRA, 2002), principalmente, porque contempla campos multidisciplinares da política em geral e particular da política pública social (SOUZA 2006).

Nessa vertente, a política pública é entendida como ações práticas, diretrizes políticas, fundadas em leis e empreendidas como funções de Estado por um governo para resolver questões gerais e específicas da sociedade. Isso porque é pelo Estado que as políticas públicas são encaminhadas e por meio delas apresenta-se a materialidade da intervenção do Estado na realidade da sociedade (HEIDEMANN; SALM, 2010; MOREIRA, 2010).

Assim, buscou-se suporte também em Souza (2006) para complementar a informação que a política pública também pode ser entendida como um ciclo que compreende planejamento, implantação, financiamento, controle e avaliação. O presente estudo, a partir das ideias de Jacobi (1999), Souza (2006), Piana (2009) e Cruz (2012), reforça que a implementação de um conjunto de ações provenientes do ciclo das políticas, necessariamente requer a atuação do Estado enquanto representação do poder público e a participação conjunta da sociedade civil.

Sob a ótica do estudo de caso, este capítulo contempla os procedimentos de sistematização da análise de conteúdo e da interpretação dos sentidos dos resultados da entrevista e da análise estatística do questionário. Nesse sentido, são apresentados os resultados da entrevista realizada com o grupo de profissionais das Secel/RO e Semes/PVH (Grupo 1), e com a aplicação do questionário aplicado ao grupo usuários dos espaços de atividade física e esporte (Grupo 2).

Para tanto, optou-se por apresentar os resultados considerando duas dimensões: a dimensão política, a partir do olhar dos gestores e profissionais da Secretaria Estadual e Municipal e de Esporte e lazer (Secel/RO e Semes/PVH); e a dimensão social do ponto de vista do atendimento à população nos espaços de atividade física e esporte. A opção pela divisão em dimensões perpassa pelo embasamento teórico e interesse da pesquisa em analisar as políticas públicas para atividade física e esporte no município de Porto Velho sob dois olhares: o político e o social. No campo do estudo e caso, associou-se "o olhar político" às informações provenientes dos gestores e profissionais da secretaria Semes/PVH e Semes/RO, e "o olhar social" referente ao atendimento e à oferta da atividade física e esporte em espaços públicos na cidade de Porto Velho.

5.1 DIMENSÃO POLÍTICA: O OLHAR DO GESTOR E DO PROFISSIONAL

Na dimensão política, buscou-se mapear as políticas púbicas; caracterizar os espaços públicos e o atendimento à população de Porto Velho-RO em conformidade com as três categorias temáticas estruturadas e detalhadas no capítulo 4.

Sendo assim, optou-se pelo uso de quadros demonstrativos para apresentação das respostas dos gestores e profissionais das secretarias na íntegra, e concomitantemente procedeu-se à análise dos núcleos de sentidos a partir do recorte de fragmentos de falas dos participantes para fins de identificar as ideias explícitas e implícitas, que articulem a hermenêutica (compreensão) e a dialética (crítica) de acordo com as particularidades dos dois subgrupos (GPS-RO e GPS-PVH).

Para tanto, recorreu-se ao método de interpretação de sentidos de Ferreira, Gomes e Minayo (2011), obedecendo três fases de análise da dimensão política: 1) transcrição das respostas na íntegra; 2) identificação dos núcleos de sentido a partir da análise dos fragmentos das respostas; 3) interpretação de sentidos para compreensão (hermenêutica) e crítica (dialética) acerca das informações geradas.

Isso posto, considerou-se as diretrizes políticas e programas dispostas nos quadros 3 a 6 como subsídios para evidenciar e apontar indicativos em relação à ausência de políticas públicas para a atividade física e esporte, de forma participativa, consolidada e descentralizada, entre as esferas federal, estadual e municipal, especialmente no que se refere ao grupo 1 (GPS-RO e GPS-PVH).

No quadro 3, pode-se observar as respostas do grupo 1 (GPS-RO e GPS-PVH) a respeito das **Diretrizes norteadoras para planejamento, implantação e oferecimento** da atividade física e esporte.

Quadro 3. Demonstrativo das diretrizes norteadoras para planejamento, implantação e oferecimento da atividade física e esporte, 2013

Grupo	Identificação	Resposta
Grupo de profissionais Secel/RO (GPS-RO)	Entrevistado 1 (RO)	Na época em que ocupava o cargo, não tínhamos diretrizes, programas, e o que fazíamos era tentar ajudar as secretarias municipais do estado, inclusive a de Porto Velho, para que elas desenvolvessem as atividades em locais abertos, como praças.
	Entrevistado 2 (RO)	Não tem uma lei que estabelece a política pública no estado, bem como o planejamento, e implantação. O oferecimento da atividade física fica a critério do secretário que está ocupando a pasta. E cada um trabalha para si e com ações diferenciadas.
	Entrevistado 3 (RO)	Não temos essas diretrizes, a única base legal que seguimos é a constituição do estado e os resultados das três conferências que foram realizadas no estado.
	Entrevistado 4 (RO)	Não há diretrizes aprovadas e escritas, mas fomenta-se a promoção do lazer, cultura e esporte.
	Entrevistado 5 (RO)	Informou não ter disponibilidade e/ou agenda para participar da pesquisa.
Grupo de profissionais Semes/PVH (GPS-PVH)	Entrevistado 1 (PVH)	Infelizmente, a secretaria municipal não seguia nenhuma das diretrizes vindas do Ministério do Esporte, até porque o convênio que existia no município, funcionava na Secretaria de Educação, com o Programa Segundo Tempo.
	Entrevistado 2 (PVH)	São diretrizes norteadoras, os programas e projetos da Semes; a Lei Pelé do Ministério do Esporte; o Conselho Regional de Educação Física e a própria necessidade do município.
	Entrevistado 3 (PVH)	Informou não ter conhecimento acerca do assunto, mas que os projetos da Semes são norteados a partir do diagnóstico dos próprios profissionais da secretaria.
	Entrevistado 4 (PVH)	As diretrizes são por meio de editais divulgados pelo Ministério do Esporte, relacionados ao esporte e à atividade física, realizados de forma semestral e anual. A política está em fase de construção, mas a população tem sido atingida gradativamente com as atividades oferecidas. Entretanto, está em fase de aprovação, no âmbito da legislação, o projeto de iniciação desportiva, bem como já existem dois projetos já legalizados na forma de Decreto-Lei: o Interdistrital e a Corrida de Voadeira.

Grupo	Identificação	Resposta
Grupo de profissionais Semes/PVH (GPS-PVH)	Entrevistado 5 (PVH)	Para o desenvolvimento das ações na Semes, é considerada a realização de eventos esportivos e de lazer; a implantação de quadras e centros poliesportivos; e a conservação e restauração de núcleos esportivos.

Fonte: dados da pesquisa, 2013

Ao analisar as respostas, identificou-se como núcleos de sentidos, no GPS-RO **"(entrevistado 1)** *"não tínhamos diretrizes"*; **(entrevistado 2)** *"não tem uma lei específica"*; **(entrevistado 3)** *"não temos estas diretrizes [...] seguimos a constituição do estado e os resultados das três conferências realizadas no estado"*; **(entrevistado 4)** *"não há diretrizes aprovadas e escritas"*. Estabelecendo uma relação dos fragmentos de respostas analisados com as categorias de análise temáticas propostas neste estudo, é possível identificar como elemento predominante no GPS-RO a ausência de diretrizes políticas voltadas para a atividade física e esporte, bem como a existência de diretrizes políticas não consolidadas no GPS-PVH. Além disso, pode-se inferir que ambos os grupos não têm critérios e princípios legais específicos e padronizados para implantar e oferecer a atividade física e esporte na cidade de Porto Velho.

A seguir, no quadro 4, apresenta-se o demonstrativo sobre **Políticas e programas** que norteiam as ações voltadas à atividade física desenvolvidas pelas secretarias em ambos os grupos.

Quadro 4. Demonstrativo das políticas e programas que norteiam os projetos de atividades desenvolvidas nas Secretarias, 2013

Grupo	Identificação	Resposta
Grupo de profissionais Secel/RO (GPS-RO)	Entrevistado 1 (RO)	Com relação ao desenvolvimento de políticas e programas na secretaria, a gente não teve essa desenvoltura, principalmente com relação à capital Porto Velho. Nos demais municípios, nós trabalhamos com parcerias.
	Entrevistado 2 (RO)	Não há políticas e programas efetivados. Mas há em fase de construção um anteprojeto de lei fundamentado na legislação federal e na 1ª, 2ª e 3ª Conferência Estadual de Esportes, que cria, no âmbito do estado de Rondônia, o Sistema Estadual de Esporte e Lazer e institui normas gerais sobre o desporto e dá outras providências.
	Entrevistado 3 (RO)	Temos o projeto de lei que trata do Sistema Estadual de Desporto, que está sustentado nas diretrizes do Ministério do Esporte, no Conselho Nacional do Esporte e nas três conferências nacionais.
	Entrevistado 4 (RO)	A secretaria dispõe de um projeto que propõe a criação do Sistema Estadual de Esporte e Lazer, que já está com o parecer da Procuradoria Geral do Estado e está nos trâmites finais para ser enviado para aprovação na Assembleia Legislativa.
	Entrevistado 5 (RO)	Não participou da pesquisa.
Grupo de profissionais Semes/PVH (GPS-PVH)	Entrevistado 1 (PVH)	Com relação ao desenvolvimento de políticas e programas na secretaria, a gente não teve essa desenvoltura, principalmente com relação à capital Porto Velho. Nos demais municípios, nós trabalhamos com parcerias.
	Entrevistado 2 (PVH)	No âmbito dos programas efetivados, a escolinha de iniciação desportiva é o carro-chefe. Com relação à promoção de atividades físicas, o foco são as atividades de lazer promovidas pelo Programa Melhor Idade, que constitui parte da política do município.
	Entrevistado 3 (PVH)	Em âmbito municipal, foi aprovada na Câmara dos Vereadores a lei que institui a Corrida de Voadeira e a lei que institui os Jogos Interdistrital.
	Entrevistado 4 (PVH)	Tais políticas e programas são fundamentados e dependem exclusivamente dos critérios de seleção do Ministério do Esporte, e estes devem estar articulados com a política (contatos políticos e partidários).

Grupo	Identificação	Resposta
Grupo de profissionais Semes/PVH (GPS-PVH)	Entrevistado 5 (PVH)	Política de atendimento às crianças no contraturno; atividades para os idosos, adultos e adolescentes; pessoas com deficiência física.

Fonte: dados da pesquisa, 2013

Em relação aos núcleos de sentidos, chama a atenção no GPS-RO **(entrevistado 2)** *"não há políticas e programas efetivados*; **(entrevistado 3)** *"Temos o projeto de lei que trata do sistema estadual de desporto"*; e no GPS--PVH: **(entrevistado 1)** *"não existem parâmetros nacionais para as políticas, e quanto aos programas"*.

Nessa ótica, os resultados possibilitam afirmar que no GPS-RO não há políticas e programas institucionalizados, entretanto, existem perspectivas futuras para a criação do Sistema Estadual de Esporte e Lazer. Quanto ao GPS-PVH, os resultados permitem a identificação da existência de programas para a prática da atividade física e esporte, porém não existem políticas públicas consolidadas para a área, bem como faltam ações na área que estimulem a participação da sociedade civil e promovam a descentralização política por parte dos gestores.

Nesse âmbito, a necessidade de instituir uma política de estado que contemple a necessidade de descentralização política pode ser destacada a partir dos núcleos de sentidos dos seguintes entrevistados do GPS-PVH: **(entrevistado 1)** *"não existe uma política de estado, o que tem é uma política de governo"*; **(entrevistado 4)** *"tais políticas e programas devem estar articulados com a política (contato político e partidário)"*.

No quadro 5 está organizado o demonstrativo de ambos os grupos (GPS-RO e GPS- PVH) no que se refere aos **Programas e projetos desenvolvidos na secretaria.**

Quadro 5. Demonstrativo dos programas e projetos desenvolvidos nas secretarias, 2013

Grupo	Identificação	Resposta
Grupo de profissionais Secel/RO (GPS-RO)	Entrevistado 1 (RO)	No âmbito do governo federal, nós tínhamos o Programa Segundo Tempo, mas ele foi voltado para as escolas, não foi para comunidade em geral. Quanto aos projetos, a partir das parcerias estabelecidas, a gente apoiava os projetos voltados para o esporte e lazer (escolinhas de iniciação esportiva) e, na zona sul da cidade, nós apoiávamos as ações desenvolvidas pela associação, nas quais participam indivíduos diabéticos da comunidade.
	Entrevistado 2 (RO)	Não há programas. A única ação que conseguimos na gestão do governo atual foi reviver os Jogos Intermunicipais de Rondônia, e que já fazia 25 anos que não eram realizados. Esta é a grande atividade da SECEL na área específica de esportes. Quanto aos projetos, temos o Projeto de Formação de Árbitros nas várias modalidades.
	Entrevistado 3 (RO)	Apenas o projeto de lei para a criação do Sistema Estadual do Desporto, que seria a porta de entrada para a implantação da política pública de esporte no estado.
	Entrevistado 4 (RO)	Temos o projeto de lei do Incentivo ao Esporte, que está sendo reformulado, pois, na lei anterior, há um vício de origem. Anteriormente, a lei foi originada na assembleia, e só depois veio para Secel, onde agora está sendo elaborada e será enviada à assembleia para aprovação. Temos ainda o Projeto Bolsa Atleta, que consiste num projeto elaborado para incentivar os atletas de ponta.
	Entrevistado 5 (RO)	Não participou da pesquisa.
Grupo de profissionais Semes/PVH (GPS-PVH)	Entrevistado 1 (PVH)	No período em que estive como gestora da Semes, desenvolvi o Programa Tenda do Esporte em três locais da cidade (Parque da Cidade, Skate Parque e Parque Ecológico). No programa, a Semes disponibilizava acadêmicos e profissionais de educação física para atendimentos nos espaços com a realização de anamnese, avaliação física e orientação aos praticantes de atividade física nos espaços. Os projetos marcantes na secretaria municipal, e que se tornaram lei na Câmara de Vereadores, é, sem dúvida nenhuma, o Interdistrital, no qual são desenvolvidas as modalidades de futebol e voleibol no Baixo Madeira e em todos os seus distritos, e ao longo da BR 364. Outro evento é a Corrida de Voadeira, que mexe bastante com a população ribeirinha

Grupo	Identificação	Resposta
Grupo de profissionais Semes/PVH (GPS-PVH)	Entrevistado 2 (PVH)	Programa Vida Saudável, que teve como foco o esporte e o lazer. No cenário do esporte, foram criados os projetos de iniciação desportiva, a Copa Futsal e a Copa de Judô. No lazer, foi instituído o Programa Porto Velho em Movimento, que foi disseminado por meio do projeto Rua de Lazer e o Projeto Melhor Idade. Também foi desenvolvido como lazer o Projeto Brincando nos Distritos, Torneio Interdistrital, Corrida de Voadeira, Festival de Praia e Academia Alternativa.
	Entrevistado 3 (PVH)	A Semes oferece projetos de longa duração (prioritários) e os projetos de curta duração. São projetos prioritários: Academia Alternativa e Escolinhas Esportivas. São Projetos de curta duração: Jogos Interdistrital, Corrida de Voadeira, Festival de Praia do Abunã, Copa Porto Velho de Futsal, e Idoso Ativo.
	Entrevistado 4 (PVH)	A Semes desenvolve o Programa Esporte e Lazer, e dentro desse programa são contemplados os projetos: Interdistrital, Corrida de Voadeira, Rua de Lazer, Academia Alternativa, Escolinhas Desportivas, Festivais de Praia, Idoso Ativo, Paraporto, entre outros. São considerados projetos prioritários: Academia Alternativa, Rua de lazer; Escolinhas Desportivas, e Idoso Ativo.
	Entrevistado 5 (PVH)	Nas Semes são desenvolvidos: Academia Alternativa, Escolinhas Esportivas, Melhor Idade, eventos de esporte e lazer do calendário da secretaria, Rua de Lazer, Jogos do Servidor Público Municipal, Interdistrital, Copa Porto Velho de Futsal, Festival de Praia de Fortaleza do Abunã e Jacy Paraná, Ruralzão, Corrida de Voadeira, Natal Esportivo, Porto Velho Open de Esporte, Para todos, eventos conveniados (parcerias), Dia do Desafio, Corrida do Batom, Corrida Ciclística, Corrida Natalina.

Fonte: dados da pesquisa, 2013

Estabelecendo uma relação com os núcleos de sentidos das repostas, podem ser evidenciadas as seguintes interpretações acerca dos programas e projetos desenvolvidos: no (GPS-RO), não há programas consolidados e/ou em desenvolvimento, entretanto, os que já foram desenvolvidos, tomaram por base a esfera federal, como foi o caso do Programa Segundo Tempo. No que se refere aos projetos na gestão atual, são desenvolvidos os Jogos Intermunicipais de Rondônia, o Projeto de Formação de Árbitros e o Projeto Bolsa Atleta.

Além disso, existem projeções futuras para a elaboração do Projeto de Lei para criação do Sistema Estadual do Desporto e quanto à reformulação do projeto Lei do Incentivo ao Esporte. Em relação ao (GPS-PVH), as repostas possibilitaram inferir as seguintes interpretações: a Semes/PVH dispõe de programas e projetos instituídos pela respectiva secretaria. Todavia, no âmbito legal, muitos deles não são planejados, consolidados e implementados com perspectiva de continuidade, como no caso do Programa Tenda do Esporte.

Por outro lado, as respostas indicaram a existência de subdivisões dos projetos entre: projetos marcantes, projetos prioritários de longa duração, e os projetos de curta duração. Como projetos marcantes, o **Entrevistado 1** considerou os projetos legalmente instituídos: o Interdistrital e a Corrida de Voadeira; e no que se refere aos projetos prioritários de longa duração, o **Entrevistado 3** especificou o Projeto Academia Alternativa e as Escolinhas Esportivas, bem como destacou projetos de curta duração como os Jogos Interdistrital, Corrida de Voadeira, Festival de Praia do Abunã, Copa Porto Velho de Futsal e Idoso Ativo.

A partir dessa subdivisão, foi possível inferir que tal situação interliga-se diretamente com a base legal e a finalidade de cada projeto, ou objetivo (promoção do esporte, lazer e/ou saúde), propondo, assim, o entendimento da existência da nomenclatura "Esporte e Lazer" como ponto relevante para organização e desenvolvimento de programas. Esse é o caso do Programa Vida Saudável e de outros programas voltados apenas para o lazer, como o Programa Porto Velho em Movimento, bem como para estruturação dos projetos.

Desse modo, vislumbra-se que dentro desses programas, estão contemplados os projetos de "esporte" e de "lazer". A exemplo disso, como projetos de esporte, o **Entrevistado 2** destaca os projetos específicos de iniciação esportiva, copa futsal e copa judô, já os voltados para o lazer há o Projeto Brincando nos Distritos, Torneio Interdistrital, Corrida de Voadeira, Festival de Praia e Academia Alternativa.

De forma mais abrangente, o Entrevistado 5, utilizando da nomenclatura "Programa Esporte e Lazer", enfatiza a existência dos seguintes projetos: Interdistrital, Corrida de Voadeira, Rua de Lazer, Academia Alternativa, Escolinhas Desportivas, Festivais de Praia, Idoso Ativo, Paraporto, entre outros. Outro ponto importante é que no GPS-PVH, os nomes atribuídos aos programas da Semes/PVH sofreram mudanças que permearam Tenda do Esporte (**Entrevistado 1**); Programa Vida Saudável e Porto Velho em Movimento" (**Entrevistado 2**); e Programa Esporte e Lazer (**Entrevistado 4**).

No quadro 6, apresenta-se o demonstrativo das respostas do **Público atendido** pelos programas e projetos da secretária.

Quadro 6. Demonstrativo do público atendido pelos programas e projetos das Secretarias, 2013

Grupo	Identificação	Resposta
Grupo de profissionais Secel/RO (GPS-RO)	Entrevistado 1 (RO)	A comunidade em geral. As atividades eram oferecidas à comunidade por meio de escolinhas nas mais variadas modalidades esportivas.
	Entrevistado 2 (RO)	Durante o JIR e os cursos de arbitragem, o público que geralmente é atendido pela SECEL é formado pelas federações, profissionais de educação física. Mas não existem programas e/ou projetos específicos para atendimento da comunidade em geral.
	Entrevistado 3 (RO)	Mediante as ações desenvolvidas, em geral, as federações e profissionais da área são atingidas, mas sem critério nenhum.
	Entrevistado 4 (RO)	A secretaria atende aos municípios (secretarias municipais); as associações de bairros, as federações esportivas nas mais diversas modalidades.
	Entrevistado 5 (RO)	Não participou da pesquisa.
Grupo de profissionais Semes/PVH (GPS-PVH)	Entrevistado 1 (PVH)	A população em geral, nos seus diferentes segmentos e faixas etárias.
	Entrevistado 2 (PVH)	Crianças, adolescentes, jovens, adultos e idosos.
	Entrevistado 3 (PVH)	O público atendido na Semes é composto por toda a população (crianças, adolescentes, jovens, adultos, ribeirinhos e idosos).

POLÍTICAS PÚBLICAS E ATIVIDADE FÍSICA NA AMAZÔNIA

Grupo	Identificação	Resposta
Grupo de profissionais Semes/PVH (GPS-PVH)	Entrevistado 4 (PVH)	Os programas e projetos da SEMES são pensados para atender igualmente a todos os segmentos da população. Dentro dos projetos prioritários da secretaria, são contemplados, em média, sete mil pessoas por ano. O projeto Rua de Lazer atende aproximadamente 12 mil pessoas; as Escolinhas de Iniciação Desportiva atendem cerca de 600 crianças; e o Idoso Ativo, em média, 120 pessoas. Nas escolinhas, o critério de seleção é livre, a participação é gratuita, e participam estudantes com idade entre 7 a 15 anos que pertencem à rede estadual, municipal e privada.
	Entrevistado 5 (PVH)	População em geral da capital e distritos.

Fonte: dados da pesquisa, 2013

Ao analisar os núcleos de sentido, foi possível estabelecer as seguintes interpretações: no GPS-RO, o público atendido é constituído de forma específica por profissionais da área de educação física; instituições públicas municipais, no caso as secretarias municipais na área de esportes e lazer existente no estado de Rondônia, bem como as federações esportivas e as associações de bairro. No caso de GPS-PVH, o público contempla um contingente populacional da capital e dos distritos, bem como abrange os diferentes segmentos e faixas etárias, atendendo da criança ao idoso.

Cabe enfatizar que, embora no GPS-RO tenha sido destacado pelo **Entrevistado 1**, o atendimento à comunidade em geral, entende-se que a Secel/RO, enquanto órgão público representativo do governo do estado de Rondônia, necessita articular ações que possibilitem propor caminhos, alternativas, ou meios para que a população seja atendida de forma significativa e de acordo com suas necessidades.

Além disso, pode-se destacar, tomando por base a fala do **Entrevistado 4** (PVH): *"[...] nos projetos prioritários, são contemplados em média sete mil pessoas por ano; o projeto Rua de Lazer, aproximadamente doze mil pessoas; as Escolinhas de Iniciação Desportiva, cerca de 600 crianças e o Idoso Ativo, em média 120 pessoas [...]"* que, mesmo diante da perspectiva positiva das ações da secretaria contemplar todos os segmentos da população, o quantitativo de pessoas contemplado pelos projetos da Semes/PVH apresenta-se ainda de forma insuficiente e muito aquém da realidade populacional do município. Desse modo, enfatiza-se a necessidade de ampliação de projetos, ações e recursos humanos para atendimentos das necessidades de Porto Velho.

Com relação aos programas desenvolvidos pelas secretarias Secel/RO e Semes/PVH, ambos os grupos (GPS – RO e GPS – PVH) deixaram implícito que não existem programas instituídos pelas secretarias, com embasamento legal, que permitam consolidá-los, principalmente, no âmbito da Secel/RO. Outro aspecto importante é que, na esfera municipal, por meio da Semes/PVH, existem programas e projetos planejados e executados pela secretaria, entretanto, não se vislumbra uma continuidade deles, e assim, conforme há mudanças políticas dos gestores, os programas e projetos também mudam seus nomes e objetivos.

Considerando esse contexto, é importante ressaltar que concomitantemente com as mudanças nos nomes e objetivos dos programas e projetos, há também mudanças e/ou descontinuidade na organização e desenvolvimento das atividades de ambas as secretarias, tendo em vista que há um cronograma anual de atividades, mas não há diretrizes legais que exijam seu cumprimento independentemente da gestão e/ou partido político que esteja na secretaria.

Cabe destacar que a ausência de continuidade e/ou mudanças dos programas e projetos pode ser reflexo e/ou está relacionada à necessidade de planejamento, articulação, implementação e consolidação dos programas entre todos os segmentos da secretaria, órgãos e instituições governamentais e sociedade civil, estabelecendo, assim, ações intersetoriais.

Nesse sentido, Frey (2000) chama a atenção de que, no contexto prático das políticas públicas no país, os arranjos institucionais e os processos de negociação entre Executivo, Legislativo e sociedade civil são pouco formalizados, institucionalizados e consolidados, de modo que se tem um entendimento de que, no âmbito das políticas públicas brasileiras, há certa "instabilidade", que dificulta alcançar afirmações de caráter teórico com maior grau de generalização.

Sob essa perspectiva, a partir dos achados nos quadros 3 a 6, na dimensão política, é possível estabelecer relações teóricas e críticas no campo das políticas públicas, em particular no contexto das políticas sociais. Há de se considerar também que, têm sido examinados desenhos de políticas e suas relações com a cidadania, a cultura política, Estado, economia, os padrões de financiamento estatal, entre outros (FREY, 2000; TEIXEIRA, 2000; POCHMANN, 2004; ARRETCHE, 2003; SOUZA, 2006; HOCHMAN;

ARRETCHE; MARQUES, 2007; HEIDEMANN; SALM, 2010; MOREIRA, 2010; HÖOFLING, 2011; SILVA, 2012; PASTORINI *et al.*, 2012).

Também é importante destacar que, em ambos os grupos (GPS-RO e GPS-PVH), não foram identificadas políticas públicas coerentes, integradas e consolidadas pelo poder local e sociedade civil que instituam normas, critérios, objetivos, regras e princípios legais para o oferecimento da atividade física e esporte na cidade de Porto Velho. Assim como também observou-se que faltam programas estabelecidos pelas secretarias, com embasamento legal, que permitam sua implantação de forma descentralizada e contínua.

A partir dessa afirmativa, e tomando por base as ideias de Jacobi (1999), é possível inferir evidências e/ou indicativos que deixam explícito o papel regulador do Estado nas políticas públicas sociais em meio à crise da governabilidade e legitimidade do governo. Além disso, transpõem a necessidade de ações emergentes de descentralização políticas administrativas pautadas pelo componente participativo.

Ainda cabe esclarecer que a perspectiva de participação social evidenciada aqui procura retratar um cenário alusivo a um contexto de políticas públicas para atividade física e esporte na cidade de Porto Velho.

Nesses termos, com base nas ideias de Marques; Gutierrez; Almeida (2011), destaca-se que as políticas públicas com participação social envolvem diretamente a realização de conferências, conselhos de participação social, orçamento participativo, plenárias temáticas e congressos municipais constituintes. Além disso, há de se considerar que elas têm por base a elaboração de conteúdos e estratégias que visam nortear as ações governamentais quanto à oferta das práticas corporais, aqui entendidas como atividades física e esportes.

Como exemplo disso, no GPS-RO ficam explícitos os indicativos importantes quanto à necessidade de desenvolvimento de ações pelo poder público, que estimulem a participação da sociedade civil e promovam sua descentralização política por parte dos gestores, para fins de instituição de uma política de Estado.

Paralelo a isso, há uma visão ampliada acerca da necessidade emergente de atuação do Estado, enquanto órgão de poder público que gerencia e regulamenta as leis e diretrizes políticas para implementação e consolidação das políticas públicas para atividade física e esporte.

A partir de tais evidências, é relevante destacar que os dados encontrados nesta pesquisa têm relação direta com o pensamento de Jacobi (1999), que afirma que poucas são as experiências de gestão municipal que assumem, de fato, uma radicalidade democrática na gestão da coisa pública e amplia seu potencial participativo, em conformidade com os condicionantes da cultura política existente no Brasil, e em demais países da América Latina, que são marcadas por tradições estatistas, centralizadoras, patrimonialistas, entre outras que consideram os interesses criados entre sociedade e Estado.

Também nesse sentido, Frey (2000), tomando como exemplo a política municipal no Brasil, identificou vários problemas peculiares que a atravessam o conhecimento científico limitado no que se refere à configuração dos arranjos institucionais e das características dos processos políticos municipais; a autonomia financeira e administrativa como política; as forças políticas atuantes na arena política municipal; bem como a falta de consolidação e consumação da determinação política e ideológica tanto da população, do eleitorado, como também dos políticos e até mesmo dos partidos.

Ademais, observam-se pontos em comum com os pensamentos de Pochmann (2004), que afirma que a gestão das políticas sociais tem sido operada por um padrão ultrapassado, que muitas das vezes concentra-se em medidas de natureza assistencialista, sob a qual permanecem elevados o clientelismo e o paternalismo das políticas sociais, que terminam por obstruir a perspectiva necessária da emancipação social e econômica da população assistida.

Os resultados encontrados contemplam ainda o pensamento de Piana (2009), que defende como necessária para a consolidação das políticas, a criação de mecanismos de descentralização política e administrativa, a partir da consolidação e existência efetiva de democracia, autonomia e participação social, como componentes e medidas políticas essenciais para o desenvolvimento das políticas sociais voltadas às necessidades humanas e à garantia de direitos dos cidadãos.

E sob uma perspectiva mais abrangente, relaciona-se com as ideias de Cruz (2012) que, além de fomentar o papel do Estado enquanto regulador de políticas públicas, chama a atenção e esclarece que regular significa fiscalizar, controlar, supervisionar, por meio de normas, regras e leis. Ainda assim, foi destacado pelo GPS-RO que a Constituição Federal, na Lei n.º 9.615/1995 – Lei Pelé e as Conferências de Esporte, constituem diretrizes norteadoras da Secel/RO para o oferecimento do esporte no Estado.

Os resultados possibilitam também apontar evidências para uma instabilidade política que perpassa o cenário nacional, quando observadas às necessidades do Governo Federal em oferecer tais diretrizes e, ao mesmo tempo exigir e garantir o seu oferecimento e/ou implementação por meio de legislações específicas, além da disponibilidade de recursos para atender as esferas estaduais e municipais, mesmo que tais legislações contemplem efetivamente os princípios legais da Constituição Federal e demais diretrizes nacionais, como a Lei Pelé.

Em relação às conferências de esporte, a pesquisa buscou respaldo em Marques; Gutierres; Almeida (2011) para esclarecer que a Conferência Nacional de Esporte (CNE) consiste em uma ação do Ministério dos Esportes e já se concretizou em três períodos (2004, 2006 e 2010). O objetivo consistiu em discutir as políticas de gerência e oferta do esporte no país. Entretanto, anterior à realização da CNE como etapa nacional, ocorreram as etapas regional, municipal e estadual.

Dentre as contribuições provenientes de tais conferências, pode-se destacar a Criação do Sistema Nacional de Esporte, em 2004, e que foi ratificado na CNE de 2006, com a proposta de criação da Lei de Incentivo Fiscal ao Esporte. Nessa lei está prevista a dedução de imposto de renda do valor pago por entidades privadas que patrocinam e/ou apoiam projetos e atividades esportivas, ligadas ao lazer, competição e formação de atletas.

Assim, com base em Dias; Fonseca (2011), as políticas públicas para o setor de esporte e lazer no Brasil são exemplos reais de como essa perspectiva vem sendo materializada pelo Estado conservador e burguês. Dentre as legislações que tratam do setor esportivo e de lazer no país, em seu conteúdo predominam a supervalorização do esporte de alto rendimento, pelo favorecimento de grupos particulares ligados ao setor e mediante o empresariamento do esporte e do lazer, e não há garantia de financiamento no âmbito do esporte educacional e de lazer, além disso, acrescenta-se aqui as perspectivas de promoção da saúde da população.

Para as esferas estaduais e municipais, compreende-se que não há, por parte do governo federal, diretrizes e/ou políticas fixadas legalmente, que delimitem a obrigatoriedade da promoção do esporte e atividade física de forma integrada entre as esferas citadas. A prova maior disso reflete diretamente na ausência de um sistema consolidado de políticas públicas a atividade física e esporte na cidade de Porto Velho, sob o qual estejam definidos os Conselhos Estaduais e Municipais de Esporte e Atividade Física enquanto espaços públicos para tomadas de decisões, acompanhamento e fiscalização das ações, programas desenvolvidos e recursos adquiridos.

Piana (2009) ressalta que, embora a partir da Constituição Federal, de 1988, tenham sido instituídos os instrumentos de participação da sociedade civil no controle da gestão das políticas sociais e estabelecidos os mecanismos implementação, execução e controle de tais políticas – como, por exemplo, o exercício da democracia participativa e a criação de conselhos integrados representativos dos segmentos da sociedade civil –, na prática, não se tem alcançado o plano das intenções, ou seja, não tem existido uma verdadeira política nacional de descentralização. Como exemplo disso, pode-se observar que existem estados que estão seguindo as diretrizes propostas pelo Ministério do Esporte, como há outros – como Rondônia – que não seguem um sistema de esporte consolidado.

É importante enfatizar que, apesar de o GPS-RO ter destacado que foram realizadas três Conferências Estaduais de Esportes com a participação da sociedade no âmbito da SECEL/RO, e que por meio destas, houve tentativas de consolidação junto ao poder local de políticas para área, e que atualmente existem projeções futuras quanto ao fomento ao esporte e lazer no estado de Rondônia.

No âmbito legal, não houve consolidação de tais conferências que pudessem então vir a se constituir e se consolidar como uma política de Estado para área da atividade física e esporte. Assim, com o pensamento de Cruz (2003), chama-se a atenção para o fato de que a implementação de políticas públicas requer o entendimento de que elas recebem intervenções de vários agentes, seguem uma lógica e prioridade própria, agem com autonomia e suas intervenções são reflexo do curso das coisas e das escolhas.

E, retomando Bobbio (2007), mais especificamente a teoria do poder, é importante considerar a composição dos três poderes (Legislativo, Executivo e Judiciário) e das relações entre eles para então compreender que o conceito de Estado relaciona-se ao de política, e o de política ao de poder. Na visão de Höfling (2011), o processo de definição de políticas públicas para uma sociedade reflete os conflitos de interesses e os arranjos feitos nas esferas de poder, mas que contemplam as instituições do Estado e da sociedade como um todo.

Desse modo, considerando que Estado e política relacionam-se entre si, há de se considerar que o Estado desempenhou diversos papéis decisivos na organização e estruturação da sociedade política e econômica, bem como no campo da ciência política, ora como instância burocrática (MOREIRA, 2010), de poder e força social (BOTTO JR, 2007; LENIN, 2010); ora como órgão de dominação e repressão de classe trabalhadora (LENIN, 2010; ENGELS, 2012); ora enquanto fenômeno do poder regulado por leis (BOBBIO 1997, 2007) e como Estado de direito e de Bem-Estar Social (POCHMANN, 2004; PIANA 2009).

Entretanto, enquanto fenômeno de poder, o Estado, inicialmente, caracterizou-se como autorregulado, pois dependia diretamente das forças do mercado para se consumar. Atualmente, tem assumido a função reguladora e empresarial, estabelecendo a burocracia e o exército permanente como representatividade da formação e atuação do poder estatal (HEIDEMAN; SALM, 2010; LENIN, 2010).

Assim, considerando a inter-relação conceitual entre Estado, poder e política proposta por Bobbio (2007); Lenin (2010) Heideman; Salm (2010) e o pensamento de Höfling (2011) quanto ao processo de definição das políticas públicas, é pertinente considerar que as lacunas evidenciadas, no campo da atividade física e esporte, relacionam-se diretamente com a ausência de atuação do poder público local no que se refere aos arranjos feitos entre as esferas de poder e os mecanismos de participação da sociedade.

Os resultados do estudo de caso de Porto Velho vão ao encontro também do pensamento de Silva (2012), que afirma que o Estado brasileiro não tem assumido sua responsabilidade na garantia dos direitos sociais, e sim tem optado por intervenções emergenciais a grupos de riscos. Como consequência disso, tem esquecido seu dever primordial de implementar políticas públicas extensivas, universais e emancipatórias, que garantam níveis civilizados de bem-estar social.

Ademais, até o momento de finalização da pesquisa, não se tinha legalmente instituído o Conselho Estadual de Esporte e, tomando por base, a fala dos participantes da pesquisa, é pertinente salientar que existem projeções futuras e perspectivas de retomada das conferências de esporte, nas esferas estadual e municipal para debates e discussões acerca da realidade do esporte no estado.

Todavia, há indicativos da existência de ações em andamento que estão fundamentadas nas três conferências estaduais de esporte realizadas, sob as quais estão previstas a aprovação do Projeto de Lei que institui a Criação do Sistema Estadual de Lazer, e a reformulação do Projeto de Lei para incentivo ao Esporte.

Partindo desse pressuposto, e na tentativa de estabelecer uma relação direta com as políticas públicas de atividade física e esporte, Piana (2009) destaca que para implementação e consolidação das políticas integrando a atividade física e esporte, é importante considerar três pontos importantes:

a. o primeiro refere-se à perspectiva e às relações existentes da atividade física e esporte com o planejamento, e implementação das políticas sociais do Estado;

b. o segundo diz respeito à necessidade de organização e criação dos conselhos representativos da sociedade civil nas diferentes esferas governamentais, enquanto espaços públicos de discussão, decisão, acompanhamento e fiscalização de ações, programas e distribuição de recursos;

c. o terceiro enfatiza a garantia dos princípios de descentralização político-administrativa instituídos na Constituição Federal, que implica diretamente na transferência de poderes, atribuições de competências, e consequente divisão de trabalho social entre a União, o estado e o município.

Ademais, chama a atenção que as diretrizes políticas e programas se interligam, portanto, ter diretrizes políticas implementadas e consolidadas significa conseguir a efetivação e/ou desenvolvimento de programas e projetos junto à população. Nesse contexto, cabe ressaltar que os resultados da pesquisa vislumbram a existência de lacunas provenientes da ausência de diretrizes políticas para nortear o planejamento e implementação de programas e projetos institucionalizados, numa perspectiva de continuidade, independentemente de governo e partidos políticos.

Por outro lado, a falta de diretrizes políticas, programas e projetos legalmente instituídos e consolidados também reflete e acaba prejudicando, ou dificultando, o atendimento e oferecimento da atividade física e esporte nos espaços.

Desse modo, é possível perceber que a ausência de legislações para a área na esfera estadual e municipal; a falta de programas e projetos legalmente instituídos; a necessidade de profissionais de educação física para orientar os usuários nos espaços; a pouca disponibilidade de recursos humanos e financeiros para as secretarias (Secel/RO e Semes/PVH) atender à população; e a pouca disponibilidade de espaços públicos adequados e com condições de uso constituem desafios para a gestão pública local na área de atividade física e esporte, e principalmente para o poder público estadual e municipal.

Entretanto, é importante considerar o papel e a atuação legal de cada esfera, seja ela estadual e/ou municipal. De modo que, sendo a esfera estadual um órgão gerenciador dos aspectos legais, normas e diretrizes para implementação e consolidação das políticas públicas para atividade física no estado de Rondônia, é necessário estabelecer um plano de governo que contemple medidas de intervenção, considerando as reais necessidades da população no que se refere à atividade física e o esporte.

Mezzadri *et al.* (2006), a partir de um estudo realizado em secretarias municipais de esporte e lazer, de 15 cidades no estado do Paraná, constatou-se que a falta de um plano de governo de intervenção na sociedade reflete diretamente na oferta de ações pontuais e desconectadas de um plano único das secretarias, contribuindo, assim, para a ausência de ações ampliadas e integradas entre a sociedade civil. No entanto, é importante destacar que no âmbito de governo federal, o Ministério do Esporte tem desenvolvido algumas ações nos últimos anos como tentativa de amenizar os problemas advindos da gestão do esporte e lazer no Brasil.

E assim, com base em Pinto *et al.* (2011), dentre as ações desenvolvidas pelo Ministério do Esporte, foi oferecida qualificação continuada para gestores, agentes e ações com vistas à universalização do esporte a partir da criação do Programa Esporte e Lazer da Cidade – PELC, em 2004. E, no ano de 2007, foram instalados 1.288 Núcleos de Esporte Recreativo e Lazer, em 409 municípios, de 26 estados e o Distrito Federal, para fins de atendimento à população em todas as faixas etárias. Além disso, o Ministério do Esporte investiu na implantação de 180 núcleos do Projeto Vida Saudável para atendimento ao idoso.

Assim, pode-se compreender que existem ações de fomento e incentivo por parte do Ministério do Esporte para que os municípios e estados promovam o esporte e o lazer. No que se refere ao estado de Rondônia, não se percebe ações relacionadas ao Núcleo de Esporte Recreativo e Lazer, bem como ação do Projeto Vida Saudável, conforme preconiza o PELC.

Nessa perspectiva, há o entendimento de que a Secel/RO, enquanto instituição estadual de esporte e lazer, tem o desafio de fomentar e estimular o poder local e a sociedade civil ao estabelecimento de convênios, normas e legislação específica, que possibilitem efetivar e consolidar, em caráter de urgência, projetos e programas legalmente instituídos na esfera federal como políticas públicas de estado, e não de governo. Principalmente, porque, conforme Bobbio (1997), "o bom governo é aquele em que os governantes são bons, porque governam respeitando as leis, ou aquele em que existem boas leis porque, os governantes são sábios".

Outro destaque importante diz respeito ao fato de que o Ministério do Esporte, em 2007, por meio de sua Secretaria Nacional de Desenvolvimento de Esporte e Lazer (SNDL) e em parceria com o Ministério da Educação (MEC), realizou a 2ª Reunião Nacional dos Gestores e Agentes do Programa Esporte e Lazer da Cidade (PELC) e, dentre os objetivos da reunião, a necessidade de políticas intersetoriais foi apresentada como um desafio das políticas sociais no atual governo, bem como foi discutida e defendida como algo fundamental para ampliar e consolidar o lazer como um dos eixos das políticas sociais do governo federal (PINTO *et al.*, 2011).

Sob essa vertente, entende-se que há desafios também para as esferas estaduais e municipais em relação ao desenvolvimento de programas e projetos numa perspectiva intersetorial, em parceria com a sociedade civil, que possibilitem ampliar não só o oferecimento de espaços de esporte e atividade física, mas que estimulem tanto a prática da atividade física e esporte, bem como disponibilizem profissionais de educação física nos espaços em quantidade suficientes para orientar e acompanhar as práticas corporais.

A partir de Mezzadri *et al.* (2006), é importante destacar que a quantidade insuficiente de profissionais de educação física também é reflexo da falta de um plano de governo, bem como perpassa diretamente pela necessidade de instituição dos conselhos municipais de esporte e lazer, como já existe na saúde, educação, assistência social, entre outros.

E, assim, considerando que na pesquisa não foi identificada a presença dos Conselhos Municipais de Esporte e Lazer nos âmbitos das secretarias investigadas (Secel/RO e Semes/PVH), há o entendimento de que existe vulnerabilidade e lacunas na gestão do poder local, no que se refere à utilização de mecanismos legais necessários para designar tal conselho. Embora existam cidades em que a falta de um plano de governo, e a ausência dos conselhos municipais de esporte e lazer, tem ocasionado interferências na oferta e atendimento das práticas corporais (MEZZADRI *et al.*, 2006).

Desse modo, há discussões importantes na literatura quanto à representatividade e gestão dos governos, bem como há constantes relações entre a função governativa no Estado liberal e no Estado democrático. Tendo em vista que o regime político atual reduziu muito a função governativa dos partidos correspondentes, minando também sua função representativa a ponto de diferentes setores sociais, diante da percepção de que o partido não é um instrumento importante de poder, acabarem por dirigir suas lutas e pressão diretamente para a burocracia de Estado (BOITO JR, 2007).

Nessa vertente, é fundamental considerar que existem cidades que se apresentam com planos de governo es conselhos municipais de esporte

POLÍTICAS PÚBLICAS E ATIVIDADE FÍSICA NA AMAZÔNIA

e lazer em construção e consolidação, ou até mesmo apresentam-se com políticas de Estado instituídas para a área das práticas corporais, sob as quais estão incluídas a atividade física, o esporte e lazer. E os resultados têm contribuído sobremaneira na redução do sedentarismo e nos problemas de saúde advindos da inatividade física.

Como destaque para a importância do profissional de educação física nos espaços, em Recife, existem políticas públicas consolidadas que valorizam e propõem a atuação regular do profissional nos postos de saúde, e por meio do Programa Academia da Cidade. E, como resultados dessa intervenção, já são observados impactos positivos quanto à informação, adesão e prática da atividade física como forma de promoção da saúde e incremento da qualidade de vida da população da cidade (HALLAL *et al.*, 2009;2010).

Além disso, cabe destacar que a partir da proposta de criação das cidades saudáveis, em Toronto, Canadá, no ano de 1978, observou-se a iniciativa de intensa mobilização quanto ao desenvolvimento de programas de atividade física em algumas cidades brasileiras. E, de forma mais recente, em 2006, no Brasil, por meio da Política Nacional de Promoção da Saúde, a prática da atividade física apresenta-se incluída na agenda nacional do país.

Outro dado importante refere-se à existência de iniciativas de fomento e disponibilização de recursos por parte do governo a todos os estados da federação, para investimento em projetos locais de incentivo à prática da atividade física. Como resultado, observa-se, em algumas cidades do Brasil, a presença de estratégias e políticas públicas consolidadas sob uma perspectiva de promoção do estilo de vida ativo, e consequente promoção da saúde (HALLAL *et al.*, 2010).

5.2 CONDIÇÕES DO ESPAÇO PÚBLICO DE ATIVIDADE FÍSICA

Quanto à caracterização das condições dos espaços de atividade física e esporte, por intermédio da análise dos quadros 7 a 12, constata-se a necessidade de reformas, ampliação, construção e/ou aproveitamento de espaços ociosos na cidade pelo poder local, para fins de oferecimento da atividade física e atendimento das necessidades da população.

Dentre os aspectos que justificam tal necessidade, o estudo realizado na cidade de Porto Velho identificou a relação proporcional entre crescimento populacional e diminuição dos espaços, a distribuição concentrada dos espaços em locais ou zonas específicas, e sua ausência ou pouca disponibilidade em outras regiões.

Com base nisso, no quadro 7, apresenta-se o demonstrativo das respostas acerca da **Estrutura física dos espaços para oferta da atividade física e esporte** na cidade de Porto Velho, em ambos os grupos.

Quadro 7. Demonstrativo da estrutura física dos espaços públicos para oferta da atividade física e esporte, 2013

Grupo	Identificação	Resposta
Grupo de profissionais Secel/RO (GPS-RO)	Entrevistado 1 (RO)	Nós não temos estrutura, os Cedels não oferecem condições nenhuma para treinamento. O Claudio Coutinho está indisponível.
	Entrevistado 2 (RO)	Os espaços apresentam-se desorganizados, sem legalização e passam por um período de escrituração. O terreno do Estádio Aluísio Ferreira, recebeu a escritura em 2012, mais de sessenta anos depois. Os terrenos do Cláudio Coutinho e Deroche estão em fase de reconhecimento, porque ali pertence à Aeronáutica. Nenhum dos terrenos dos Cedels têm escritura, porque o município não regularizou todos seus bairros. A desordem e invasão ocasionaram estes problemas.
	Entrevistado 3 (RO)	Olha, os Cedels que foram criados na época da Suder, foram uma ideia sem dúvida maravilhosa, espetacular. Porém, como eu tenho falado, é uma falta de política pública. Ele foi criado, mas para interesse do governo, não foi para interesse do estado. O que aconteceu depois da construção? Nada, ele ficou jogado, ficou à mão de alguém, então a falta de políticas públicas causou grande problema. Espaços nós temos, o estado é incompetente, sem dizer ofensa, por favor, ele é incompetente no trato dessa questão; não tem competência para trabalhar, para arrumar e para manter esses espaços.
	Entrevistado 4 (RO)	Os espaços estão sucateados há, aproximadamente, 20 anos. Não há padronização dos espaços. O Ginásio Claudio Coutinho é da década de 1980.
	Entrevistado 5 (RO)	Não participou da pesquisa.
Grupo de profissionais Semes/PVH (GPS-PVH)	Entrevistado 1 (PVH)	Quanto à estrutura física, o município conseguiu avançar, pois as melhorias podem ser verificadas na infraestrutura. A construção de novas praças e também novas quadras nas escolas, que hoje podem ser considerados espaços diversificados para a prática da atividade física.

Grupo	Identificação	Resposta
Grupo de profissionais Semes/PVH (GPS-PVH)	Entrevistado 2 (PVH)	Alguns espaços precisam de reforma urgente, como, por exemplo, as quadras dos bairros: Nacional, Esperança da Comunidade e Castanheiras e, inclusive, já existem processos em tramitação para tais reformas. Não existe padronização nenhuma dos espaços.
	Entrevistado 3 (PVH)	Não existe padronização nos espaços nas praças, quadras de areia, porém as quadras cobertas são padronizadas.
	Entrevistado 4 (PVH)	Precisam ser reformados e revitalizados. Ainda não há uma padronização, mas pretende-se, futuramente, padronizar o local com as cores da bandeira do município.
	Entrevistado 5 (PVH)	Atualmente, a estrutura física dos espaços esportivos e de lazer encontra-se incipiente e adaptada conforme a realidade. Não existe padronização.

Fonte: dados da pesquisa, 2013

Ao analisar os núcleos de sentidos em ambos os grupos (GPS-RO e GPS-PVH) dispostos no quadro 7, a ausência de padronização e organização dos espaços para atendimento à população é percebida no GPS-RO:

- **(Entrevistado 1)** *"nós não temos estrutura, os Cedels não oferecem condições [...] o Cláudio Coutinho está indisponível"*;

- **(Entrevistado 2)** *"os espaços apresentam-se desorganizados, sem legalização"*;

- **(Entrevistado 3)** *"[...] espaços nós temos, o estado... não tem competência para trabalhar [...] arrumar...manter esses espaços"*;

- *(Entrevistado 4)* *"os espaços estão sucateados [...] não há padronização dos espaços [...]"*.

- E no GPS-PVH:

- **(Entrevistado 2)** *"[...] alguns espaços precisam de reforma urgente [...] não existe padronização nenhuma de espaços*;

- **(Entrevistado 3)** *"não existe padronização nos espaços, nas praças, quadras de areia [...]"*;

- **(Entrevistado 4)** *"[...] precisam ser reformados e revitalizados [...] não há padronização [...]"*;

- **(Entrevistado 5)** *"[...] a estrutura física dos espaços esportivos e de lazer encontra-se incipiente [...] não há padronização.*

Face ao exposto, constata-se a falta de estrutura física adequada, tendo em vista que os espaços estão "sucateados" e não oferecem condições de uso e, deste modo, necessita de reformas urgentes. Assim como também pode-se evidenciar que muito embora tenha sido destacado avanço na infraestrutura e melhoria dos espaços pelo entrevistado 1 no GPS-PVH, identificou-se a necessidade emergente de reforma urgente dos espaços, em especial das quadras.

No quadro 8, apresenta-se o demonstrativo das respostas referente aos **Espaços disponíveis para a prática de atividade física e esporte.**

Quadro 8. Demonstrativo dos espaços públicos disponíveis para a prática de atividade física e esporte na cidade, 2013

Grupo	Identificação	Resposta
Grupo de profissionais Secel/RO (GPS-RO)	Entrevistado 1 (RO)	Quantificar o número exato não, mas tem o Deroche, que foi reformado recentemente; o Cedel da Jatuarana, que está sob os cuidados da associação daquela localidade; e o Cedel do Ulisses Guimarães.
	Entrevistado 2 (RO)	Nós temos o Estádio Aluísio Ferreira, que agora está interditado por força do Corpo de Bombeiros. Temos o Deroche, Cláudio Coutinho, que também está interditado há alguns anos para reforma. Temos os Cedels (dois na zona Sul, um na zona Norte, dois na zona Leste), sendo que o Cedel da Jatuarana foi passado para associação, porque nós não tínhamos pessoas para trabalhar ali. No total, são sete Cedels, cinco na capital e dois no interior.
	Entrevistado 3 (RO)	Temos aqui em Porto Velho os Cedels, sendo que apenas um ou dois têm sido bem conservados. Um é o caso do Ulisses Guimarães, que vai pela voluntariedade de quem está lá trabalhando, e essas duas pessoas que trabalham lá dentro são improvisados, porque o estado não tem pessoal para botar lá, não tem eletricista, não tem pedreiro, não tem zelador, não tem vigia, então, tudo isso vai acarretando problema. Então, eu diria que, hoje, para usar corretamente, tem o Cedel do Ulisses e, claro, o Complexo Deroche Pequeno Franco.
	Entrevistado 4 (RO)	No município de Porto Velho, sob a responsabilidade da Secel, existem seis Cedels: 1 Estádio Aluísio Ferreira e 1 Ginásio de Esporte (Fidoca). Estes estão em processo licitatório de recuperação (reforma).

Grupo	Identificação	Resposta
Grupo de profissionais Secel/RO (GPS-RO)	Entrevistado 5 (RO)	Não participou da pesquisa.
Grupo de profissionais Semes/PVH (GPS-PVH)	Entrevistado 1 (PVH)	No município há o Parque da Cidade, o espaço mais conservado e onde tem a maior participação do público. O Skate Parque, que foi feito um reparo e agora estaria com uma grande obra, seria o Parque da Juventude. A reforma é oriunda do governo federal, a partir do programa PAC 3, mas penso que será embargada, pois as obras já estão paradas há bastante tempo. Entretanto, mesmo em reforma, tem muita gente utilizando o espaço, porque o parque é bem grande. O outro espaço é o Parque Circuito, um local histórico, e o espaço mais antigo de atividade física da cidade, é o segundo maior seringal urbano do Brasil, mas está abandonado e não tem recebido cuidado. Nos bairros há as quadras poliesportivas, praças esportivas, um ginásio e campos de futebol. Nos distritos, existem quadras de areia, ginásios e campo de futebol.
	Entrevistado 2 (PVH)	Há 1 ginásio, conhecido como Dudu, na zona Sul da cidade; 1 quadra no Bairro Nacional; 1 quadra no Bairro Esperança da Comunidade; 1 quadra no Bairro Três Marias; 1 quadra no Bairro Aponiã, onde há uma previsão de instalar uma academia ao ar livre; 1 quadra no Bairro Castanheiras, que foi uma obra de compensação social. O Parque Circuito, que está sob a responsabilidade da Aeronáutica; o Skate Parque, que está sob os cuidados da Sindestur; o Parque da Cidade, que está sob a responsabilidade da Endur; a Praça do Contorno, no Marechal Rondon, sob os cuidados da Sindestur.
	Entrevistado 3 (PVH)	Não sei informar ao certo, mas há uma quantidade diversificada de quadras poliesportivas e praças, um ginásio, e os parques (Parque da Cidade, Skate Parque).
	Entrevistado 4 (PVH)	São aproximadamente 20 espaços, distribuídos entre a cidade e os distritos do município. São eles: Ginásio Eduardo Lima e Silva; Parque Circuito; Quadra Poliesportiva Três Marias; Quadra Nacional; Quadra da Esperança da Comunidade; Quadra Castanheiras; Centro de Esportes Rio Guaporé; Centro de Esportes Jardim Santana; Centro de Esportes Três Marias; Quadra Poliesportiva Distrito de São Carlos; Quadra Poliesportiva Distrito de Calama; Quadra Poliesportiva Distrito de Extrema; Quadra Poliesportiva Vista Alegre; Quadra Poliesportiva do Abunã.

Grupo	Identificação	Resposta
Grupo de profissionais Semes/PVH (GPS-PVH)	Entrevistado 5 (PVH)	Na zona Leste, Skate Parque e Praça Esportiva; a Quadra Poliesportiva do Três Marias; o Espaço de Esporte e Lazer Parangato; a Quadra Poliesportiva Esperança da Comunidade; na zona Sul, o Centro Esportivo Nova Floresta; o Ginásio Poliesportivo Eduardo Lima e Silva; o Espaço Esportivo Abrobrão; a Quadra Esportiva Castanheira; na zona Norte, o Parque da Cidade; a Praça Dominó; o Espaço de Esporte e Lazer Conjunto Santo Antônio; a Praça do Contorno; a Quadra Poliesportiva do Nacional; o Parque Circuito. Nos distritos, existem quadras poliesportivas em Calama, São Carlos, Extrema, Distrito de Fortaleza do Abunã.

Fonte: dados da pesquisa, 2013

No quadro 8, destacam-se as seguintes interpretações de sentido: no GPS-RO, a análise evidencia aspectos relevantes para serem considerados e estabelece relações entre a disponibilidade de espaços e a prática da atividade física. Assim, nota-se o papel atribuído às associações de bairro, os espaços disponíveis que não oferecem condições de uso; o Espaço Deroche Pequeno Franco como o espaço adequado e assistido pelo Estado.

Ademais, os fragmentos fomentam ainda reflexões críticas acerca da responsabilidade do poder público e das contradições no que se refere a certos questionamentos, como disponibilidade e/ou suficiência, pois constatou-se que, dos sete Cedels existentes, apenas dois estão em condições de uso, entretanto, ambos estão sob cuidados e/ou responsabilidade da comunidade local, por meio de associações de bairro. Desse modo, constata-se diversas lacunas no que se refere à responsabilidade e atuação do Estado enquanto órgão gerenciador e regulador das políticas públicas.

Situação semelhante é observada nas falas do GPS-PVH, que evidenciaram como pontos de discussão: as reformas inacabadas; o abandono dos espaços; a necessidade da presença da população; a administração do local; e padronização da identificação dos espaços.

No quadro 9, apresenta-se o demonstrativo das respostas do grupo 1, no que se refere à **quantidade de espaços para desenvolvimento dos programas das secretarias.**

Quadro 9. Demonstrativo da quantidade de espaços públicos disponíveis para o desenvolvimento dos programas das secretarias, 2013.

Grupo	Identificação	Resposta
Grupo de profissionais Secel/RO (GPS-RO)	Entrevistado 1 (RO)	Não sei informar.
	Entrevistado 2 (RO)	Não desenvolvemos atividades e/ou programas nos espaços, pois os recursos profissionais são insuficientes. O que é desenvolvido é o Projeto dos Jogos Intermunicipais (JIR).
	Entrevistado 3 (RO)	São sete Cedels, uma quadra, dois ginásios (Cláudio Coutinho e Fidoca).
	Entrevistado 4 (RO)	Não há ações e programas desenvolvidos nos espaços, apenas oferecemos os espaços. Os espaços que estão em condições de uso são: o Deroche (zona central da cidade); o Cedel da Jatuarana (zona Sul); o Cedel do Areal da Floresta (zona Sul); o Cedel do Embratel (zona Norte) e o Cedel do Ulisses Guimarães (zona Leste). Mas os espaços são insuficientes, porque a cidade está em fase de crescimento e não houve construção de novos espaços.
	Entrevistado 5 (RO)	Não participou da pesquisa.
Grupo de profissionais Semes/PVH (GPS – PVH)	Entrevistado 1 (PVH)	Na capital, em condições de uso, o Parque da Cidade, o ginásio e as quadras poliesportivas; e, nos distritos, os ginásios e as quadras.
	Entrevistado 2 (PVH)	Os espaços são suficientes, o que precisa é aumentar o número de profissionais de educação física para atuar nos locais para atender à população.
	Entrevistado 3 (PVH)	Não sei informar.
	Entrevistado 4 (PVH)	Quatro a cinco espaços atendem com escolinhas (Ginásio Eduardo Lima e Silva, Quadra Três Marias, Quadra Nacional e Quadra da Esperança da Comunidade). Quem administra o Parque da Cidade é Endur. O espaço é cedido para desenvolver o projeto Academia Alternativo.

Grupo de profissionais Semes/PVH (GPS – PVH)	Entrevistado 5 (PVH)	Existem 12 espaços localizados nos polos Leste, Norte, Sul e distritos para atendimento dos projetos da secretaria. No polo Leste, há 4 espaços (2 quadras poliesportivas, 1 espaço esportivo e 1 Centro do Idoso); no polo Norte, 2 espaços (Parque Circuito e Parque da Cidade); no polo Sul, há 1 espaço (Ginásio Cláudio Coutinho); no polo Oeste, 1 espaço (Parque Natural). Nos distritos, há 4 espaços (quadras poliesportivas).

Fonte: Dados da pesquisa, 2013.

Ao considerar os fragmentos da fala dos entrevistados, foi possível identificar a presença de respostas afirmativas quanto a necessidade de planejamento e/ou construção de novos espaços na cidade, tendo em vista fatores demográficos, como o próprio crescimento da cidade, e a consequente insuficiência dos espaços em atender as necessidades da população, assim destacado pelo **Entrevistado 4 (RO)**. Outro ponto importante diz respeito à fala do **Entrevistado 2 (RO)**, em que fica explícito que: "Existem os espaços, mas não há programas e recursos humanos suficientes" para atender à população. Além disso, para o **Entrevistado 1**, predomina o desconhecimento se existem espaços e programas para atender à população.

Situação semelhante é observada no GPS-PVH, em que deixaram implícita a necessidade de construção de novos espaços, pois, dentre a fala dos entrevistados, houve respostas evasivas e/ou que não opinaram diretamente sobre o assunto. Como pontos norteadores, é pertinente salientar: "As condições de uso do espaço", destacada pelo **Entrevistado 1** (PVH); "a oferta do Programa Academia Alternativa, restrito a um local, o Parque da Cidade", salientada pelo **Entrevistado 2** (PVH).

Assim, o atendimento concentrado nas quadras poliesportivas da cidade e não em praças e parques arborizados, vislumbrado nas falas dos **Entrevistados 3 e 4**, sustentam indícios de uma oferta das atividades por parte da Semes/PVH restrita aos diferentes segmentos da população e voltada para o esporte de forma abrangente, e não para a prática da atividade física numa perspectiva mais específica.

No quadro 10, está apresentado o demonstrativo das respostas referente à **Necessidade de planejamento e/ou construção de novos espaços**.

Quadro 10. Demonstrativo da necessidade de planejamento e/ou construção de novos espaços públicos para atendimento da demanda populacional na cidade, 2013

Grupo	Identificação	Resposta
Grupo de profissionais Secel/RO (GPS-RO)	Entrevistado 1 (RO)	Sim, principalmente, porque cresceu a população e diminuiu os espaços. Como exemplo de diminuição de espaços, temos os Cedels na zona Sul da cidade, que foram abandonados completamente, sendo um localizado no Campus Sales (local onde agora é uma pracinha).
	Entrevistado 2 (RO)	Acredito que não faltam espaços, o que falta é uma administração comprometida, pois o estado e o município de Porto Velho têm sido pessimamente administrados pelos políticos., Houve, sim, algumas iniciativas do governo, mas acabaram sendo paralisadas pelos constantes desvios de verbas. Por outro lado, também falta educação da população no que se refere à manutenção e preservação dos espaços. Entretanto, de uma forma geral, não existe uma organização política e o que prevalece é o descaso do poder público, que se mostra ausente aos anseios da comunidade.
	Entrevistado 3 (RO)	Sim, só que não temos políticas públicas para isso, se a gente for observar direitinho, podemos conversar várias coisas, mas a gente vai sempre se esbarrar nesse ponto, falta política.
	Entrevistado 4 (RO)	Sim, mas não há projetos para ampliação, ou construção de novos espaços, há apenas a intenção. Mas, recentemente, houve a reforma do espaço Deroche e Cedel – Areal da Floresta, e nestes espaços foram colocados equipamentos de academia ao ar livre, em parceria com a Prefeitura de Porto Velho.
	Entrevistado 5 (RO)	Não participou da pesquisa.
Grupo de profissionais Semes/PVH (GPS-PVH)	Entrevistado 1 (PVH)	Com certeza a cidade está em crescimento e os espaços têm diminuído.
	Entrevistado 2 (PVH)	Sim, há a necessidade de construção de novos espaços para atender à população, tendo em vista a distribuição concentrada em alguns locais da cidade e a ausência em outros, como, por exemplo, no Bairro Nacional e Planalto.

Grupo	Identificação	Resposta
Grupo de profissionais Semes/PVH (GPS-PVH)	Entrevistado 3 (PVH)	Informou não ter conhecimento de projeções futuras acerca da ampliação dos espaços, mas que tem conhecimento da ampliação dos pontos de atendimento do Projeto Academia Alternativa. A previsão é incluir, pelo menos, mais um polo de atendimento, além do que está instituído no Parque da Cidade.
	Entrevistado 4 (PVH)	Depende da atividade desenvolvida. No caso das escolinhas, é suficiente. Mas, para competição de alto nível, não atende a demanda.
	Entrevistado 5 (PVH)	Sim, está em fase de construção o Complexo Esportivo de Porto Velho, para atendimento esportivo e sede administrativa desta secretaria.

Fonte: Dados da pesquisa, 2013.

Estabelecendo uma relação entre GPS-RO e GPS-PVH, constata-se a necessidade de planejamento e construção de novos espaços. Dentre os possíveis motivos para tal situação, observou-se, no GPSRO, fatores ligados ao crescimento populacional, à diminuição dos espaços e à responsabilidade do poder local na gestão das políticas públicas. No GPS-PVH, os que foram favoráveis à construção de novos espaços, apresentaram como justificativas a distribuição concentrada dos espaços em locais e/ou zonas específicas e a ausência e/ou pouca disponibilidade de espaços em outros locais. Por outro lado, constatou-se dentre as respostas afirmações que consideram os espaços existentes como suficientes, assim, o que falta é comprometimento da administração pública. Da mesma maneira, houve entrevistados que foram imparciais ou não opinaram a respeito do assunto de forma explícita.

Embora, tenha sido salientado pelo **Entrevistado 4** que houve uma reforma do Espaço Deroche e no Cedel localizado no Bairro Areal da Floresta, os dados sinalizam que não existem projetos de construção de novos espaços, considerando a esfera Secel/RO. Em relação à Semes/PVH, o **Entrevistado 5** (PVH) informou que está em fase de construção o Complexo Esportivo de Porto Velho, que funcionará como sede da secretaria e fará atendimento esportivo à população do município.

Em relação às obras de reforma e construção da Semes/PVH, vale ressaltar que entre os anos de 2022 e 2023, vários centros esportivos e de atividades físicas que estavam abandonados foram reformados e revitalizados. Dentre eles, destaca-se o Complexo Esportivo localizado na zona leste de Porto Velho, denominado Vila Olímpica Chiquilito Erse.

Este complexo estava abandonado há quase 30 anos, portanto seu projeto de reforma incluiu a modernização de todo o edifício com a substituição da estrutura metálica da cobertura, arquibancadas, pisos, paredes e iluminação LED. Atualmente, a Vila Olímpica recebe crianças, adolescentes e jovens para a prática de esportes como judô, futebol, caratê e natação, que acontecem no parque aquático Vinicius Danin. O local também é utilizado para eventos esportivos locais e regionais.

Outro ponto importante diz respeito à fala do **Entrevistado 4** (PVH), em que fica implícito indícios acerca do esporte enquanto atividade principal da Semes/PVH, bem como cabe enfatizar que fica subentendido na fala do entrevistado a visão de que, para o desenvolvimento de atividades de iniciação esportiva na cidade de Porto Velho, os espaços são suficientes, entretanto, para competições de alto nível, não atende a demanda.

No quadro 11, apresenta-se o demonstrativo do **Espaço de atividade física mais frequentado** pela população do município de Porto Velho. Como resultado, observa-se um consenso entre os entrevistados do GPS-RO, que enfatizaram o Espaço Deroche Pequeno Franco como sendo o espaço mais frequentado. Com relação ao GPS-PVH, o espaço mais frequentado foi o Parque da Cidade.

Quadro 11. Demonstrativo dos espaços públicos de atividade física e esporte mais frequentado pela população do município de Porto Velho, 2013

Grupo	Identificação	Resposta
Grupo de profissionais Secel/RO (GPS-RO)	Entrevistado 1 (RO)	O espaço do Deroche.
	Entrevistado 2 (RO)	O Deroche, principalmente depois da reforma.
	Entrevistado 3 (RO)	O Complexo Deroche Pequeno Franco.
	Entrevistado 4 (RO)	O espaço mais frequentado pela população é o Deroche.
	Entrevistado 5 (RO)	Não participou da pesquisa.

Grupo	Identificação	Resposta
Grupo de profissionais Semes/PVH (GPS-PVH)	Entrevistado 1 (PVH)	Deroche e Parque da Cidade.
	Entrevistado 2 (PVH)	Parque da Cidade e Skate Parque,
	Entrevistado 3 (PVH)	Parque da Cidade.
	Entrevistado 4 (PVH)	Parque da Cidade é o mais frequentado pela população. O Espaço Alternativo é irregular e o Parque da Cidade está parado por falta de profissionais suficientes para atender a demanda.
	Entrevistado 5 (PVH)	As praças e parques. O Parque da Cidade é o mais frequentado, já o Espaço Alternativo é irregular.

Fonte: dados da pesquisa, 2013

No quadro 12, apresenta-se o demonstrativo de respostas referente ao **Aproveitamento de espaços ociosos** por parte da secretaria para atendimento à população do município.

Quadro 12. Demonstrativo do aproveitamento de espaços públicos ociosos por parte da secretaria para atendimento à população do município, 2013

Grupo	Identificação	Resposta
Grupo de profissionais Secel/RO (GPS – RO)	Entrevistado 1 (RO)	Não conheço ações da secretaria para aproveitamento de espaços, mas no âmbito do governo federal existe o programa Escola Aberta, que na teoria estimula a escola a ser aberta aos finais de semana para o desenvolvimento de diversas atividades, e dentre estas o esporte. Entretanto, na prática não funciona.
	Entrevistado 2 (RO)	Nesse sentido não, porque é uma ação mais da prefeitura do que do governo do estado. O que o governo do estado tem hoje são quatro projetos no interior, em etapa de construção de um centro de atividades múltiplas de lazer, recreação e esporte em quatro municípios. Cada um vai ficar na faixa de uns dois milhões e meio e pretende-se dar início nessa gestão. Esse programa é do governo chamado Perdizes, e foi encaminhado a todos os municípios, com a única exigência que disponibilizassem o terreno escriturado, e apenas quatro estavam em condições de receber.

Grupo	Identificação	Resposta
Grupo de profissionais Secel/RO (GPS – RO)	Entrevistado 3 (RO)	Veja só, como é que fica a coisa, que eu acho que se o estado tivesse políticas, e diretrizes mais coerentes, faria e passaria para o município. Eu acho que há um interesse muito mais dos munícipes do que do estado, faltam políticas públicas sobre isso.
	Entrevistado 4 (RO)	Dentro da SECEL não há projetos de aproveitamento de espaços ociosos, pois uma vez pertencentes ao âmbito estadual, não se fomentaram o incentivo para se trabalhar os espaços ociosos, devido à escassez de recursos.
	Entrevistado 5 (RO)	Não participou da pesquisa.
Grupo de Profissionais SEMES/PVH (GPS – PVH)	Entrevistado 1 (PVH)	Durante o período da minha gestão, não houve ações de aproveitamento de espaços ociosos em virtude do número insuficiente de profissionais que atuam na Semes/PVH, e estes por sua vez, são profissionais oriundos da Secretaria de Educação que foram cedidos para a Semes/PVH.
	Entrevistado 2 (PVH)	A partir das ações do projeto Rua de Lazer, os espaços ociosos eram aproveitados pela Semes.
	Entrevistado 3 (PVH)	No ano de 2012, a SEMES organizou um projeto de orientação profissional no Parque Circuito, mas não houve procura da população pelo espaço. E, assim, as ações foram paralisadas.
	Entrevistado 4 (PVH)	O aproveitamento dos espaços depende muito do poder local. Se for do município, este tem interesse em construir novos espaços. Entretanto, a questão burocrática acaba inviabilizando a utilização e/ou construção desses espaços. E o que pode ser feito é a secretaria disponibilizar o material esportivo.
	Entrevistado 5 (PVH)	Devido ao quantitativo incipiente de profissionais qualificados e habilitados, esta secretaria fica impossibilitada de atender a todos. Porém são estudadas possibilidades para os próximos anos (convênios e parcerias com as entidades esportivas da capital).

Fonte: Dados da pesquisa, 2013.

A partir das respostas dos grupos podem ser ressaltados dois pontos importantes para discussão: a ausência de políticas públicas coerentes e consolidadas para atividade física e esporte; e uma maior atuação do poder público local. Ademais, na fala dos entrevistados, fica subentendido que não existem e/ou não tem sido viabilizados ações de aproveitamento de espaços ociosos de forma satisfatória, em virtude de fatores relacionados: ao número reduzido de profissionais de educação de física; a escassez de recursos; à burocracia do sistema público; e à necessidade de terrenos escriturados.

Nesse sentido, é pertinente afirmar que faltam políticas públicas que estimulem os municípios, haja vista que, conforme retratado pelo **Entrevistado 4** (PVH), "o aproveitamento de espaços depende muito do poder local" e, portanto, sua atuação é de fundamental importância. Situação semelhante foi observada no estudo de Rechia; França (2006), que analisou os espaços, como praças, espaços culturais, centros esportivos e parques, que são destinados às práticas corporais, em quatro cidades do estado do Paraná. Assim, constataram-se problemas na infraestrutura dos espaços e equipamentos, além da precariedade da limpeza, iluminação e a carência de manutenção dos espaços, confirmando, desse modo, a necessidade de reformas nos espaços existentes e a criação de novos espaços.

E, assim, sobre os pontos observados no estudo de Rechia; França (2006) e os resultados desta pesquisa, especial é importante destacar as relações e inter-relações existentes entre as reformas inacabadas; o abandono dos espaços; e a importância da população, que faz uso contínuo dos espaços, mesmo quando estão impróprios. Todos esses aspectos citados inter-relacionam-se com problemas de infraestrutura, carência de manutenção, reformas e a ausência de criação de novos espaços.

Dessa forma, sob a análise estabelecida desses aspectos, a pesquisa oferece evidências de que há uma quantidade significativa de espaços distribuídos na cidade, porém, muitos deles estão abandonados pelo poder público, ou em reformas por longos períodos e sem expectativa de término. Nessa perspectiva, pode-se enfatizar que os resultados encontrados aqui apresentam conformidade com a pesquisa experimental realizada na cidade de Porto Velho, no de 2008 por Silva *et al.* (2010) e Bernaldino *et al.* (2010), que, a partir de estudos realizados nas Secretarias de Esporte e Lazer, foi identificada uma necessidade emergente da ampliação dos espaços públicos para a prática do esporte e lazer para a população na cidade, tendo em mente a insuficiência de espaços públicos estruturados para a prática do esporte e lazer.

POLÍTICAS PÚBLICAS E ATIVIDADE FÍSICA NA AMAZÔNIA

E, ainda que já tenham sido apresentadas evidências a respeito da necessidade de ampliação dos espaços públicos para o esporte e lazer na cidade de Porto Velho, o que se observa é que, mesmo diante da insuficiência dos espaços e de suas condições de uso, a população acaba utilizando os espaços considerados aqui como sendo impróprios, uma vez que não oferecem condições de uso. Como é o caso do Skate Parque, um espaço amplo, arborizado e que teria condições de atender um número significativo da população, especialmente, os que residem naquela região periférica da cidade e que não possuem condições econômicas suficientes para frequentar espaços privados.

Sobre o referido espaço, foi apontado pelo GPS-PVH como um local que está em reforma há meses e sem previsão de conclusão. No entanto, há um fluxo significativo de pessoas que residem nas e o utilizam para prática da atividade física e esporte, como caminhada, corrida e skate.

Partindo dessa afirmativa, a população investigada no grupo 2, identificada nesta pesquisa como usuária dos espaços de atividade física e/ou esporte, é proveniente de diferentes zonas da cidade, utilizando Deroche, Parque da Cidade e/ou Espaço Alternativo para prática de atividades como a caminhada, corrida, musculação, entre outros.

No caso específico do Parque Jardim das Mangueiras (Skate Parque), observou-se que 62,7% da população utiliza predominantemente o espaço para prática de caminhada. E, por motivos informados anteriormente, os usuários destacam que a escolha se dá em virtude da estrutura física imprópria do espaço, que não permite o desenvolvimento de outras atividades como, por exemplo, a corrida, que fica prejudicada por causa da brita encontrada na pista; além disso, não há equipamentos que possibilitem o desenvolvimento de outras opções de atividade, tais como, aparelhos para alongamentos e para exercícios de musculação, provenientes do Programa Academia ao ar Livre.

Também chama a atenção que, a partir dos resultados destacados pelo (grupo 2 – dimensão social), foi possível observar que, nos espaços mais centrais, como Deroche e o Parque da Cidade, a estrutura física apresenta-se mais adequada e equipada, quando comparada à estrutura do Skate Parque. Outro dado importante diz respeito a uma associação aos resultados propostos na dimensão política (grupo 1), em que os subgrupos (GPS-RO e GPS-PVH) destacaram os Espaços Deroche e Parque da Cidade como sedo os mais frequentados pela população da cidade, bem como foi salientado pelo

GPS-PVH que, no âmbito municipal, a Semes/PVH desenvolve de forma exclusiva no Parque da Cidade o projeto Academia Alternativa, no qual estão previstas e são oferecidas atividades físicas de ginástica, alongamento e orientação nos aparelhos de academia ao ar livre. E, nos demais espaços, a população permanece na ociosidade de ações por parte desta secretaria.

Assim, a partir dos resultados encontrados no grupo 2 desta pesquisa, foi possível estabelecer relações que culminam no indicativo de que a oferta da atividade física e esporte por parte das secretarias (Secel/RO e Semes/PVH), nos espaços investigados, não atende à demanda da população da cidade, bem como os espaços são insuficientes; além disso, o atendimento das secretarias nesses locais é restrito a ações do Projeto Academia Alternativa, desenvolvido no Parque da Cidade; e às Escolinhas Esportivas, desenvolvido nas quadras poliesportivas. Portanto, entende-se ser pertinente estabelecer relações com a realidade dos espaços e a administração e/ou responsabilidade do poder local, tendo em vista que os resultados da pesquisa, no geral, apontam informações importantes que fornecem indícios quanto à ausência do poder público, ou de um plano de governo que contemple as necessidades da população local.

Entretanto, concomitantemente, os dados apontam para a existência de um governo local que contempla os princípios da terceirização dos serviços à população, ainda que haja uma secretaria que administra o esporte e o lazer e ofereça as atividades nos diferentes espaços. Em contrapartida, existem órgãos responsáveis pelos cuidados e manutenção dos espaços, como é o caso da Sindestur e Endur. Em relação à estruturação, observou-se que os espaços estão distribuídos e organizados pelas secretarias, obedecendo as localizações por zona geográfica.

E, assim, como resultado, constatou-se a existência de locais diferenciados no município de Porto Velho para a prática de atividade física e esporte, como: praças, parques, quadras; campos, centros; ginásios e espaços abertos, e esses respectivos espaços estão localizados em zonas distintas da cidade e nos distritos.

Contudo, a distribuição desses espaços por zonas na cidade não ocorre de forma equivalente e, por essa razão, nas zonas mais periféricas, os espaços para atividade física e esporte são limitados, quando comparado com as zonas mais centrais. Nesse âmbito, pode-se inferir que os resultados da pesquisa apontam que a zona Norte da cidade possui a maior quantidade de espaços disponíveis, em comparação com a zona Leste e Sul.

Relacionados a isso, chama-se a atenção que a zona Leste é caracterizada por uma região extremamente populosa, na qual estão concentradas parcelas significativas da população de baixo poder econômico, e pouco acesso necessidades básicas, como saúde e educação. São pessoas que necessitam de ações políticas, que garantam seus direitos constitucionais ao esporte, cultura e lazer de forma abrangente.

Ademais, é pertinente salientar a necessidade emergente e a importância das políticas públicas intersetoriais para reordenamento urbano da cidade, e consequente distribuição dos espaços de atividade física e esporte, respeitando o perfil social, econômico e cultural e as necessidades básicas da população. Principalmente, porque os resultados sinalizam que as ações do poder local têm sido limitadas, e, portanto, não têm alcançado ou atendido às necessidades e anseios da população de forma satisfatória.

Nesse contexto, cabe salientar, conforme Rechia; França (2006), que a população tem se apropriado de forma espontânea de espaços como praças, centros esportivos e parques, como opções de lazer e para momentos de experiências corporais e lúdicas. Todavia, tal apropriação pode ser facilitada e melhorada se houver uma preocupação acentuada do poder público, no que tange o planejamento e a implementação de políticas públicas, e planos de governo que contemplem efetivamente a área das práticas corporais.

Assim, algumas inquietações são pertinentes: "Há espaços adequados com programas disponíveis?", ou "há espaços adequados com programas limitados?". Os resultados desses questionamentos oferecem indicativos acerca da **Existência de espaços e ausência de programas** e/ou **Disponibilidade de espaços, e a limitação dos programas.**

5.3 DIMENSÃO SOCIAL: ATENDIMENTO E OFERTA DA ATIVIDADE FÍSICA.

Com relação à dimensão social, nos quadros de 13 a 17 são apresentados os demonstrativos das respostas referentes ao atendimento, ao oferecimento e à avaliação da atividade física e esporte da Secel/RO e Semes/PVH à população no Município de Porto Velho.

Por meio de análise das respostas, observou-se que os gestores e profissionais da Secel/RO evidenciaram acerca da ausência de conhecimento e/ou de ações avaliativas no que se refere às atividades desenvolvidas que não consideram e/ou respeitam critérios pré-determinados, ou instituídos na esfera do governo.

Tal interpretação deve-se ao fato de que alguns dos entrevistados limitaram-se apenas a proceder as informações referentes ao oferecimento da atividade física e esporte, e outros salientaram apenas o caráter específico de sua atuação profissional (a avaliação física) e a elaboração de relatório ao final de cada projeto.

Referente à **Organização das atividades para atendimento à população de Porto Velho,** no demonstrativo do quadro 13, em ambos os grupos (GPS-RO e GPS-PVH), observaram-se os seguintes resultados quanto ao processo de organização das atividades.

Quadro 13. Demonstrativo da organização das atividades para atendimento à população do município, 2013.

Grupo	Identificação	Resposta
Grupo de profissionais Secel/RO (GPS-RO)	Entrevistado 1 (RO)	Na secretaria havia um cronograma de atividades, muito flexível, e que nem sempre era cumprido conforme o proposto no papel.
	Entrevistado 2 (RO)	As atividades e/ou ações da Secel são discutidas e planejadas em dezembro de cada ano, mas não há continuidade, todo ano é feito, mas um ano com uma ação, outro ano com outra.
	Entrevistado 3 (RO)	Existe um planejamento anual, mas a organização das atividades apresenta-se em conformidade com o gestor em exercício na secretaria. Não existem critérios, porque não existem leis.
	Entrevistado 4 (RO)	Existe um cronograma anual, na qual são incluídas as ações das federações e instituição parceiras. O JIR – Jogos Intermunicipais de Rondônia, instituído pelo Decreto-lei n.º 1.694 de 1983 é o carro chefe da secretaria. Contudo, o desenvolvimento, amplitude e/ou extensão das atividades previstas no cronograma levam em consideração os recursos financeiros.
	Entrevistado 5 (RO)	Não participou da pesquisa.

Grupo	Identificação	Resposta
Grupo de profissionais Semes/PVH (GPS-PVH)	Entrevistado 1 (PVH)	Todas as ações da Semes/PVH eram planejadas em equipe e de forma democrática. Eram feitas reuniões uma vez por mês para planejamentos dos eventos a serem realizados, em conformidade com as necessidades da população. Ao final de cada evento, para fins de registro, os projetos e os resultados eram guardados em um arquivo, para que as próximas gestões tomassem conhecimento do que foi realizado.
	Entrevistado 2 (PVH)	Existe um planejamento anual das atividades e/ou ações, no qual constam as atividades que serão desenvolvidas durante todo o ano. Os profissionais que atuam nos programas e projetos são formados em educação física.
	Entrevistado 3 (PVH)	Na Semes existe um cronograma de realização de projetos e atividades, entretanto, por questões administrativas e políticas, muitas vezes, o cronograma não é seguido e/ou respeitado. Mas, geralmente, tem-se cumprido pelo menos 80% dele. A secretaria dispõe de projetos que são desenvolvidos durante o ano e compreende os meses de março a novembro (são os projetos prioritários), e os projetos de curta duração são desenvolvidos em data previamente estabelecida. Os projetos são idealizados e executados pelos profissionais de educação física.
	Entrevistado 4 (PVH)	Existe um cronograma que é planejado em janeiro de cada ano, baseado na disponibilidade de recursos.
	Entrevistado 5 (PVH)	Existe um calendário esportivo na Semes, porém, no ano de 2013, em função do remanejamento administrativo da Prefeitura, esta secretaria não dispõe de um calendário oficial.

Fonte: Dados da pesquisa, 2013

A partir da análise dos fragmentos das respostas, verificou-se que predomina a organização das atividades nas secretarias Secel/RO e Semes/PVH, obedecendo a uma estruturação anual de atividades.

Com exceção do **Entrevistado 1** (PVH), que enfatizou a estruturação mensal. Os dados possibilitaram observar, ainda, a presença de divergências entre a nomenclatura atribuída para os processos de organização das atividades em ambos os subgrupos.

No GPS-RO, os entrevistados 1 e 4 utilizaram a nomenclatura "cronograma", enquanto o 2 e o 3 especificaram como "planejamento". E, com relação ao subgrupo GPS-PVH, os entrevistados 1 e 2 utilizaram a palavra "planejamento" e o entrevistado 3 e 4, "cronograma" e, por fim, o 5 usou "calendário".

Observou-se também a presença de uma instabilidade no que se refere ao desenvolvimento e continuidade da estruturação de atividades proposta para cada ano. Tal fato pode ser observado em maior proporção no GPS-RO do que no GPS-PVH.

Ademais, identificou-se, dentre as respostas, que a disponibilidade de recursos também influencia na organização das atividades, conforme exposto na fala do **Entrevistado 4** (RO): *"o desenvolvimento, amplitude e/ ou extensão das atividades previstas no cronograma levam em consideração os recursos financeiros"*.

E na fala do **Entrevistado 4** (PVH) *"[...] é planejado em janeiro de cada ano, baseado na disponibilidade de recursos"*. Nesse contexto, pode-se afirmar que a organização das atividades para atendimento à população do município segue uma estrutura anual, que é planejada entre os meses de dezembro a janeiro.

Entretanto, são considerados como critérios para o planejamento fatores como: disponibilidade de recursos – **Entrevistado 4** (PVH) e **Entrevistado 4** (RO) –; importância do planejamento em equipe e de forma democrática – **Entrevistado 1** (PVH) – e formação e qualificação adequada dos profissionais, tanto para organização, quanto para o desenvolvimento e oferecimento das atividades – **Entrevistado 2 e 3** (PVH). Em relação aos critérios considerados para planejamento, para é importante ressaltar a ausência de ações participativas da sociedade civil, por meio dos conselhos municipais.-No quadro 14, apresenta-se o demonstrativo do **Oferecimento e avaliação da atividade física e esporte** por parte da secretaria do município.

Quadro 14. Demonstrativo do oferecimento e avaliação da atividade física e esporte por parte da secretaria à população do município de Porto Velho, 2013

Grupo	Identificação	Resposta
Grupo de profissionais Secel/RO (GPS-RO)	Entrevistado 1 (RO)	As ações eram desenvolvidas a partir de algumas tentativas de implantação de escolinhas desportivas, e por meio do Programa Segundo Tempo, mas o foco era o rendimento. Entretanto, também eram considerados o fator lazer, o caráter educacional e participação no esporte, como é proposto pelo Programa Mais Educação.
	Entrevistado 2 (RO)	O oferecimento é restrito devido à existência de poucos profissionais na Secel. O que há, mas poucas vezes, são cursos de arbitragem nas diferentes modalidades esportivas. A avaliação é momentânea, muito embora positiva. Falta uma política de Estado que possibilite um gerenciamento das atividades e um feedback. Não temos uma orientação científica específica e objetiva a respeito disso.
	Entrevistado 3 (RO)	É completamente distante, o esporte de Rondônia é completamente desestruturado. E isso contrapõe a todo o Brasil, inclusive falei isso para o governador. É uma contramão total. O Brasil tá trabalhando de um jeito e Rondônia totalmente avesso. Aqui no estado de Rondônia, a lei 2.224, que fez a reforma administrativa de 2000, do governador Bianco, simplesmente manteve o desporto escolar dentro da Seduc. Eu poderia dizer "até aí tudo bem", acontece que, no Brasil inteiro, o desporto escolar é feito pela Secretaria de Esportes, pelo órgão específico do esporte.
	Entrevistado 4 (RO)	Mediante projetos para convênios entre as prefeituras e federações. A partir das parcerias das confederações e pagamento da arbitragem.
	Entrevistado 5 (RO)	Não participou da pesquisa.
Grupo de profissionais Semes/PVH (GPS-PVH)	Entrevistado 1 (PVH)	A secretaria desenvolve projetos na área de esporte, lazer, saúde e qualidade de vida, mas o foco é esporte e lazer.
	Entrevistado 2 (PVH)	No projeto Rua de Lazer, os profissionais da secretaria, nos espaços utilizados, faziam um levantamento mediante questionário do perfil da população, bem como durante o desenvolvimento das atividades recreativas. Os funcionários se distribuem em grupos para atender as crianças, adolescentes, jovens, adultos e idosos.

Grupo de profissionais Semes/PVH (GPS-PVH)	Entrevistado 3 (PVH)	Na realização dos eventos de curta duração, a Semes conta com a parceria de diferentes secretarias municipais que se responsabilizam pela segurança, limpeza, manutenção, prevenção e apoio à saúde, entre outros (Secretaria de Saúde, Corpo de Bombeiros). Em algumas ações há parcerias do sistema "S". Ao final de cada projeto é feito um relatório do evento, porém, não existe uma avaliação mais aprofundada acerca do impacto do evento junto à população.
	Entrevistado 4 (PVH)	As atividades são oferecidas de forma contínua. A equipe da Semes avalia, inicialmente, por meio de uma avaliação diagnóstica e, durante as atividades, faz uma avaliação somativa. A avaliação junto à população é feita verbalmente.
	Entrevistado 5 (PVH)	Por meio de atividades físicas, esportivas e de lazer orientadas por profissionais graduados e habilitados, conforme planejamento e projetos desta secretaria.

Fonte: dados da pesquisa, 2013

Como possíveis interpretações identificadas a partir da análise das respostas, destacam-se: no GPS-RO, "o oferecimento das atividades é restrito, mas tem foco na promoção do esporte, já o lazer é secundário". Por outro lado, no GPS-PVH, "o oferecimento da atividade física e esporte consiste em ações de curta duração", e "há indícios de ações intersetoriais e parcerias com instituições privadas, que têm como foco a promoção do lazer".

No que se refere à avaliação das atividades, em ambos os grupos "não existem avaliações consolidadas", ou seja, que contemplem critérios predeterminados e/ou instituídos no âmbito da gestão pública do governo, de modo que a "avaliação ocorre de forma parcial". Em específico, no grupo GPS-PVH, os gestores e profissionais da Semes/PVH não ressaltaram ações específicas que retratassem o oferecimento das atividades, assim como também não destacaram mecanismos de avaliação e acompanhamento das atividades consolidadas pela secretaria.

Contudo, observou-se evidências na fala do grupo que apontam que o atendimento à população a partir dos projetos e eventos contínuos realizados no âmbito da secretaria por profissionais graduados e habilitados, frequentemente parcerias com outras secretarias e/ou instituições privadas.

No quadro 15, apresenta-se o demonstrativo de respostas dos gestores e profissionais entrevistados na Secel/RO e Semes/PVH, no que se refere aos recursos humanos e quantidade de profissionais de educação física existentes na secretaria para atendimento e oferecimento da atividade física e esporte município de Porto Velho.

Quadro 15. Demonstrativo dos recursos humanos e quantidade de profissionais de educação física existentes nas secretarias para atendimento e oferecimento da atividade física e esporte no município, 2013

Grupo	Identificação	Resposta
Grupo de profissionais Secel/RO (GPS-RO)	Entrevistado 1 (RO)	Na Sejucel, aproximadamente, sete técnicos e 200 acadêmicos. Havia os técnicos para supervisionar as ações e para realização das atividades do programa PST tínhamos os acadêmicos.
	Entrevistado 2 (RO)	Nós temos sete profissionais para analisar os projetos das prefeituras, fazer análise de emendas parlamentares que vêm da assembleia. E tudo isso toma tempo, a ponto que ninguém consegue sair daqui. Mas nós não temos servidores prestando serviços na parte poliesportiva, mas de forma administrativa. Não temos nenhum profissional atendendo nos espaços, entretanto entendemos que isso é política do município. E a equipe de profissionais que temos é insuficiente para atender todo o estado. Temos apenas sete profissionais.
	Entrevistado 3 (RO)	São insuficientes. São sete profissionais para atender toda a demanda da secretaria de esportes. Não temos profissionais para atuar nas quadras, Cedels e no Deroche.
	Entrevistado 4 (RO)	Há uma escassez de recursos humanos e financeiros na secretaria para atender um estado com 52 municípios e, desse modo, as ações da secretaria junto à população é dificultada. A Sejucel dispõe de seis profissionais, que atuam na elaboração, planejamento e análise.
	Entrevistado 5 (RO)	Não participou da pesquisa.

Grupo	Identificação	Resposta
Grupo de profissionais Semes/PVH (GPS-PVH)	Entrevistado 1 (PVH)	Até dezembro de 2012, a secretaria atuava com 22 profissionais para o desenvolvimento das ações da Semes. Todos formados em educação física, porém, quatros funcionários prestaram concurso para área administrativa e somente depois fizeram o curso superior em educação física.
	Entrevistado 2 (PVH)	No quadro da Semes estão atuando, aproximadamente, 16 profissionais diretamente nos espaços de atividade física e esportes distribuídos pela cidade.
	Entrevistado 3 (PVH)	O atendimento é feito por profissionais habilitados, mas desconhece o número exato de profissionais que atuam nas ações dos projetos junto à população. Para atendimento nos espaços, inicialmente, os profissionais são indicados para as ações em conformidade com a afinidade e experiência na área em que vai atuar. A secretaria oferece, uma vez por ano, curso de formação profissional na área de educação física para os funcionários da Semes e das demais secretarias do município, obedecendo às necessidades prévias dela.
	Entrevistado 4 (PVH)	A Semes disponibiliza e garante a qualidade do atendimento profissional. São sete profissionais que atuam nas escolinhas; dois que atuam no Centro do Idoso; quatro profissionais que atuam no Parque da Cidade; cinco profissionais que atuam na elaboração de projetos. No geral, a secretaria dispõe de, aproximadamente, 20 técnicos, que atuam na área interna e externa. Todos os profissionais são formados e habilitados em educação física.
	Entrevistado 5 (PVH)	No quadro técnico, a secretaria dispõe atualmente de profissionais graduados e habilitados, conforme preconiza a legislação vigente. O atendimento realizado nos espaços é feito por meio de projetos.

Fonte: dados da pesquisa, 2013

Como resultado, ambos os grupos enfatizaram que os recursos humanos são insuficientes e, no caso específico dos profissionais de educação física, estes não atendem à demanda da população do município. Como consequência disso, é possível observar "espaços ociosos e sem orientação profissional", bem como a existência de "dificuldade de planejamento, elaboração e implementação de políticas públicas voltadas para atividade física e esporte" por parte da Secel, tendo em vista o número reduzido de profissionais para atender todo o Estado.

No quadro 16, apresenta-se o demonstrativo das respostas dos gestores e profissionais da Secel/RO e Semes/PVH, no que se refere às **Finalidades e aos objetivos dos projetos desenvolvidos pela secretaria**.

Quadro 16. Finalidades e objetivos dos projetos desenvolvidos pela secretaria para atendimento à população do município, 2013

Grupo	Identificação	Resposta
Grupo de profissionais Secel/RO (GPS-RO)	Entrevistado 1 (RO)	O foco era treinamento e rendimento, mas na prática as ações se resumiam a promoção do lazer.
	Entrevistado 2 (RO)	Temos um projeto com o governo federal, por meio da Lei Pelé, no qual, a partir de agora, será feito o repasse de recursos de 52 municípios do estado de Rondônia, em conformidade com o número de habitantes em cada município. O recurso é oriundo da loteria esportiva, e conseguimos ter em mão um milhão duzentos e quarenta mil para distribui entre os municípios. Porto Velho vai receber 340 mil. Este projeto tem caráter anual, e representa um grande avanço na área do esporte, pois este recurso estava parado há anos.
	Entrevistado 3 (RO)	Nós temos a parte educacional do Joer, que seria o esporte educacional, que vai até os 17 anos. A partir daí entra os jogos intermunicipais, que é uma competição aberta. E temos o programa voltado para o lazer que era a vida ativa, mas nunca saiu do papel, porque não interessa ao estado.
	Entrevistado 4 (RO)	Buscar recursos financeiros no âmbito federal e junto às instituições vinculadas ao esporte. Sendo que o oferecimento do esporte classista, comunitário e de rendimento é responsabilidade da Sejucel; e o esporte educacional é de responsabilidade da Seduc.
	Entrevistado 5 (RO)	Não participou da pesquisa.

Grupo	Identificação	Resposta
Grupo de profissionais Semes/PVH (GPS-PVH)	Entrevistado 1 (PVH)	Tem foco no lazer e na promoção do esporte. mas existiam ações de promoção da saúde através do Projeto Tenda do Esporte.
	Entrevistado 2 (PVH)	Promoção do Esporte e Lazer.
	Entrevistado 3 (PVH)	Os projetos desenvolvidos pela secretaria contemplam objetivos diversificados, que variam em conformidade com o projeto executado. Nos projetos prioritários, o projeto Academia Alternativa tem por objetivo a promoção da saúde da população nas diferentes faixas etárias. No âmbito do atendimento das escolinhas, o projeto tem por objetivo a promoção da iniciação esportiva. Para tanto tem como foco um esporte educacional e formativo. Com relação aos projetos de curta duração, eles têm objetivos de promoção do lazer da população, e nos demais que envolvem a prática esportiva, estes têm intuito competitivo, mas não ter caráter de rendimento.
	Entrevistado 4 (PVH)	Promoção da qualidade de vida, desenvolvimento sócio-esportivo; lazer; caráter e personalidade.
	Entrevistado 5 (PVH)	*Não respondeu.

Fonte: dados da pesquisa, 2013

Como resultados, no GPS-RO, os projetos desenvolvidos têm, por finalidade, a promoção do esporte propriamente dito, por meio dos jogos escolares, intermunicipais e campeonatos, que são desenvolvidos, respectivamente, por intermédio dos Jogos Escolares (Joer) e Jogos Intermunicipais (JIR).

Entretanto, há divergências de opiniões quanto aos objetivos a serem alcançados que permeiam aspectos relacionados ao rendimento, educação e/ou lazer, conforme especificado nas falas dos entrevistados da Secel/RO. Outro ponto observado diz respeito às perspectivas de mudanças e avanços importantes em relação à captação de recursos financeiros e diretrizes políticas para o fomento do esporte no estado de Rondônia.

No quadro 17, apresenta-se o demonstrativo de respostas dos gestores e profissionais da Secel/RO e Semes/PVH no que diz respeito a **Projetos e programas da secretaria voltados para a promoção da saúde e qualidade de vida da população do município:**

Quadro 17. Projetos e programas da secretaria voltados para a promoção da saúde e qualidade de vida da população do município, 2013

Grupo	Identificação	Resposta
Grupo de Profissionais Secel/RO (GPS-RO)	Entrevistado 1 (RO)	Enquanto secretaria estadual de esporte e lazer, não houve ações voltadas para promoção da saúde e qualidade de vida.
	Entrevistado 2 (RO)	O estado não propõe em esfera de política pública a correlação da saúde no esporte.
	Entrevistado 3 (RO)	Não dispomos de ações desenvolvidas nesse sentido, mas há intenções e projetos elaborados, mas que não saíram do papel.
	Entrevistado 4 (RO)	Os projetos da Secel têm a finalidade de promoção do esporte e lazer. Ainda não existem ações que estimulem os municípios à adoção de aspectos da promoção da saúde. Entretanto, o desenvolvimento de ações diretamente para esses fins é responsabilidade do município, que acabam se omitindo. O que pode ser viabilizado por meio de parcerias com a Secretaria de Saúde e universidades.
	Entrevistado 5 (RO)	Não participou da pesquisa.
Grupo de profissionais Semes/PVH (GPS-PVH)	Entrevistado 1 (PVH)	*Não respondeu.
	Entrevistado 2 (PVH)	O foco da Semes é promoção do esporte e lazer. Nos espaços tinha profissionais para orientar (Parque Circuito e Skate Parque). Nos locais era oferecido à população orientação quanto à prática dos exercícios de alongamento, caminhada e corrida.
	Entrevistado 3 (PVH)	Projeto Academia Alternativa. No atendimento, a Semes disponibiliza as escolinhas esportivas, duas vezes por semana, em dias intercalados, nos quais participam pessoas de ambos os sexos, de modalidades como futsal, vôlei, basquete, ginástica rítmica e tênis de mesa. No Projeto Academia Alternativa, os profissionais orientam diariamente os frequentadores dos espaços quanto à prática do exercício físico e condicionamento físico, além disso, são oferecidas as atividades de dança, alongamento, ginásticas e orientação para a realização de exercícios físicos nos aparelhos de ginástica. No Projeto Idoso Ativo, o atendimento semanal sofre variações e são oferecidas as atividades de natação, hidroginástica e orientação nos aparelhos da academia.

Grupo	Identificação	Resposta
Grupo de profissionais Semes/PVH (GPS-PVH)	Entrevistado 4 (PVH)	Projeto Academia Alternativa e Projeto Idoso Ativo.
	Entrevistado 5 (PVH)	*Não respondeu.

Fonte: dados da pesquisa, 2013

Como resultado, observou-se que no âmbito da Secel/RO "não existem projetos voltados para a promoção da saúde e qualidade de vida da população". Dentre os aspectos importantes que justificam essa afirmativa, é pertinente destacar: a ausência de política pública relacionada; a insuficiência de programas, projetos e ações que estimulem a adoção por parte dos municípios quanto a promoção da saúde, do lazer e do esporte; e a necessidade de diretrizes articuladas e consolidas para a institucionalização de políticas públicas de estado que alcancem na prática a população local, e especificamente as pessoas mais vulneráveis do ponto de vista econômico, cultural e social.

Em suma, a partir da reflexão estabelecida nos quadros 13 a 17, constatou-se que o atendimento e oferecimento da atividade física e esporte, no GPS-RO é restrito a profissionais da área, federações, associações de bairros e secretarias dos municípios, enquanto no GPS-PVH, a Semes/PVH atende segmentos diversificados da população (criança, jovem, adulto, idoso) por meio de programas e projetos desenvolvidos pela secretaria na capital e distritos.

Quanto à organização das atividades para atendimento à população, ambos os grupos, destacaram que seguem um cronograma anual, entretanto, suas ações acabam restritas a um quantitativo pequeno da população da cidade, tendo em vista que, geralmente, são desenvolvidos por período de curta duração e/ou não tem perspectiva de continuidade, como é o caso do projeto Tenda do Esporte, que previa o oferecimento da atividade física nos espaços com orientação e acompanhamento do profissional de educação física, e no período da pesquisa tinha sido desativado com a mudança de gestão.

Outro aspecto importante diz respeito à oferta limitada dos projetos e programas por parte da secretaria. E, assim, cabe citar que o projeto Academia Alternativa é apresentado pelo GPS-PVH como um projeto de longa duração e prioritário da Semes/PVH, entretanto, sua oferta está restrita aos usuários do Parque da Cidade e, nos demais espaços, a população permanece na ociosidade de orientação e acompanhamento quanto à prática da atividade física e esporte.

CAPÍTULO 6

POLÍTICA DE ATIVIDADE FÍSICA EM PORTO VELHO: O OLHAR E A VOZ DO USUÁRIO DO ESPAÇO PÚBLICO

No presente capítulo, são apresentados os resultados referentes à dimensão social das políticas públicas de atividade física na cidade de Porto Velho, a partir do olhar e da voz dos usuários dos espaços públicos estudados Deroche, Skate Parque, Parque da Cidade de Espaço Alternativo. A finalidade é ampliar a discussão, na área das políticas sociais, sobre a abrangência e o impacto da integração da atividade física no campo da saúde pública, do esporte e do lazer.

Para tanto, foram obedecidas três categorias temáticas: **Categoria 1** – Perfil do frequentador do espaço de atividade física e esporte em Porto Velho; **Categoria 2** – Caracterização do espaço de atividade física e esporte utilizado pelo frequentador; e a **Categoria 3** – Diagnóstico do atendimento e prática da atividade física e esporte nos espaços. Para cada categoria, no intuito de facilitar a análise, foram elencadas variáveis categóricas em conformidade com a estrutura do questionário e com os objetivos da pesquisa.

Os resultados foram organizados em tabelas, de acordo com o teste estatístico aplicado para fins de associação dos resultados por zona da cidade (Centro, Norte e Leste). A zona Centro corresponde às respostas dos frequentadores do Espaço Deroche; a zona Norte, aos frequentadores do Espaço Alternativo e Parque da Cidade; e a zona Leste, as respostas dos usuários do Skate Parque.

Na análise quantitativa das tabelas, foi considerada a categorização prévia de dados provenientes da estatística não paramétrica. E, assim, foram verificadas as variáveis nominais e ordinais, mediante aplicação de teste estatístico qui-quadrado para medir a associação e o impacto entre as variáveis qualitativas que necessitaram ser explicadas de forma isolada e conjunta, para que os objetivos da pesquisa fossem alcançados (BARBETTA, 1999).

6.1 PERFIL DO USUÁRIO DO ESPAÇO PÚBLICO EM PORTO VELHO

Nesta categoria, são apresentados os resultados sobre o Perfil do frequentador do espaço de atividade física e esporte em Porto Velho, nos parques (espaços) e por estrato/zona (Centro, Norte e Leste). Para tanto, foram considerados as seguintes variáveis: idade; sexo; grau de escolaridade; ocupação; atividades físicas e/ou esporte que pratica; horário de prática da atividade física e/ou esporte; motivo da prática da atividade física e/ou esporte e a utilização de outros espaços para prática de atividade física e/ou esporte, conforme disposto na tabela 1:

Tabela 1. Características do perfil dos frequentadores dos espaços de atividade física e esporte da cidade de Porto Velho, 2013

Variáveis Categóricas	Parques (por zona)						Valor p
	Centro		Norte		Leste		
Idade	N	%	N	%	N	%	0,54
Adulto precoce	18	35,3	38	37,6	13	25,5	
Adulto médio	22	43,1	45	44,6	24	47,1	
Adulto posterior	11	21,6	18	17,8	14	27,5	
Sexo							
Masculino	27	52,9	55	53,9	31	60,8	0,66
Feminino	24	47,1	47	46,1	20	39,2	
Grau de escolaridade							
Educação básica	35	68,6	47	46,1	33	64,7	0,01
Educação superior	16	31,4	55	53,9	18	35,3	
Ocupação							
Estudante	09	17,6	18	17,7	06	11,8	0,52
Funcionário público	16	31,4	49	48	22	43,1	
Funcionário privado	10	19,6	16	15,7	10	19,2	
Autônomo	10	19,6	15	14,7	9	17,6	
Outros	6	11,8	4	3,9	4	7,8	
Atividade física e/ou esporte que pratica							
Caminhada	11	21,6	25	24,5	32	62,7	0,00

POLÍTICAS PÚBLICAS E ATIVIDADE FÍSICA NA AMAZÔNIA

Variáveis Categóricas	Parques (por zona)						Valor p
	Centro		Norte		Leste		
Outras Atividades	40	78,4	77	75,5	19	37,3	
Horário de prática da atividade física e/ou esporte							0,00
Manhã	06	12,0	03	2,9	02	3,9	
Tarde	20	40,0	48	47,1	46	90,2	
Noite	24	48,0	51	50,0	03	5,9	
Motivo da prática atividade física e/ou esporte							0,27
Lazer	09	17,6	11	10,8	07	13,7	
Recomendação médica	04	7,8	13	12,7	10	19,6	
Promoção da saúde	18	35,3	50	49,0	23	41,1	
Estética	06	11,8	05	49,0	04	7,8	
Por motivos diversos	14	27,5	23	22,5	07	13,7	
Utiliza outros espaços de atividade física e/ou esporte							0,00
Sim	31	60,8	55	53,9	10	19,1	
Não	20	59,2	47	46,1	41	80,4	

Fonte: dados da pesquisa, 2013

Teste qui-quadrado (p<0,05)

Com relação à **idade**, pode-se observar que nas três zonas investigadas predominou a faixa etária do adulto médio (indivíduos com idade entre 31 a 49 anos), respectivamente 43,1% (zona Centro), 44,6% (zona Norte) e 47,1% (zona Leste). Para a variável da categoria **sexo**, no grupo estudado, houve prevalência do sexo masculino, sendo (52,9%), na zona Centro (53,9%), zona Norte e (60,8%), na zona Leste.

Em relação ao **grau de escolaridade**, observou-se a prevalência da instrução "Educação Básica" para os usuários zona Centro e Leste, respectivamente, (68,6% e 64,7%). Porém, na zona Norte, predominou a instrução "Educação Superior" (53,9%). Quanto à **ocupação** dos frequentadores dos espaços, verificou-se que predomina a de "funcionário público", sendo 31,4% (zona Centro); 48% (zona Norte) e 43,1% (zona Leste). É importante salientar que os que informaram outras funções, apontaram que estavam desempregados, ou que exerciam a função de empregada doméstica.

No que se refere à variável **Atividade física e esporte que pratica**, considerou-se para efeito de classificação das respostas: os que praticam apenas atividade física de caminhada, e os que praticam atividades físicas ou esporte diversificados. A partir da tabela 1, pode-se visualizar que, nas regiões Centro e Norte, o frequentador utiliza o espaço para praticar atividades físicas e esportes diversificados, sendo respectivamente (78,4%), na zona Centro e (75,5%), na zona Norte.

Como atividades físicas diversificadas, foram considerados: exercícios de musculação, ginástica, alongamento e corrida, enquanto esportes diversificados: ciclismo, esportes radicais, skate, futebol e basquete. Já no quesito **Horário de prática da atividade física e esporte**, observou-se que houve predominância para turno da tarde e da noite. No período da tarde, para zona Leste (90,2%), e da noite para a zona Centro (48%) e Norte (50%).

Quanto aos **Motivos da prática da atividade física e esporte**, imperou nas respostas das três regiões que os frequentadores praticam atividade física e esporte com intuito de prevenção e promoção da saúde, sendo (35,3%), na zona Centro; (49%), na zona Norte e (41,1%) na zona Leste. Porém, na zona norte, concomitante à predominância para os motivos de "prevenção e promoção da saúde", os frequentadores também destacaram que fazem Atividade Física ou Esporte no espaço para fins estéticos.

Com relação à **utilização de outros espaços para a prática de atividade física ou esporte**, houve predominância para respostas afirmativas na zona Centro (60,8%) e Norte (53,9%), enquanto na zona Leste prevaleceram respostas negativas (80,4%). Como outros espaços destacados pelos frequentadores da zona Centro e Norte, estão: academia, espaço do Sesc, espaços abertos, ruas, escolas, praças, quadras e campos aberto, clubes. E ainda houve os frequentadores que informaram frequentar de forma diversificada e intercalada os espaços investigados neste estudo.

Em síntese, de acordo com a análise da **tabela 1** – Perfil do frequentador dos espaços de atividade física e esporte, para fins de melhor compreensão e discussão de tais variáveis, foi traçado um perfil predominante do frequentador investigado nesta pesquisa: o usuário que utiliza tais espaços pertence ao sexo masculino (52,9% na zona Centro; 53,9% na zona Norte e 60,8%, na zona Sul); com idade entre (31 e 49 anos), sendo (43,1%, na zona Centro, 44,6% na zona Norte e 47,1% na zona Leste).

Quanto ao grau de escolaridade, predominou a educação básica nas zonas Centro e Leste, sendo, respectivamente, (68,6% e 64,7%) e educação superior, na zona Norte (53,9%). E tratando-se das ocupações evidenciadas pelo grupo 2 desta pesquisa, predominou dentre as respostas a ocupação funcionário público (31,5% no Centro; 48% no Norte e 43,1% na zona Leste).

Do mesmo modo, foi possível observar que o frequentador que utiliza os espaços investigados também faz uso de outros espaços, como academias, praças, ruas, campos, espaços abertos entre outros, bem como praticam a atividade física e/ou esporte por motivos predominantemente relacionados à prevenção e promoção da saúde (35,3% na zona Centro; 49% no Norte e 41,1% na zona Leste), em horários compreendidos entre os turnos da tarde (90,2% na zona Leste) e no turno da noite sendo (48%, na zona Centro e 50% na zona Norte).

Estabelecendo uma relação com a literatura, foi possível propor associações apontando divergências e semelhanças dos resultados encontrados quanto ao perfil do frequentador, no que se refere à idade, sexo, grau de escolaridade motivos da prática com os resultados do estudo de Hallal *et al.* (2010), que investigou em polos distintos 554 indivíduos de ambos os sexos, usuários e não usuários do Programa Academia da Cidade, em Recife.

Em relação às divergências, observou-se, com relação ao sexo, que os resultados encontrados nesta pesquisa divergem do estudo de Hallal *et al.* (2010), que identificou de forma predominante a participação feminina no Programa (89,2%), e nesta pesquisa, prevaleceram os indivíduos do sexo masculino (52,9%) na zona Centro; (53,9%) na zona Norte; e (60,8%) na zona Leste. Quanto às semelhanças, especificamente com relação aos motivos da prática da atividade física dos usuários do Programa Academia da Cidade, em Recife, identificou-se em (65,7%) que eles participam do programa por motivos relacionados à saúde. No que diz respeito à idade, como ponto em comum, verificou-se que os valores médios de idade (49 anos) das pessoas que não utilizam o Programa Academia da Cidade, em Recife, aproximam-se com os dados encontrados nesta pesquisa (idade entre 31 e 49 anos).

Assim, pode-se enfatizar que os pontos em comum entre os dois estudos propõem evidências de que o perfil do frequentador da cidade de Recife, identificado no estudo de Hallal *et al.* (2010), não apresenta diferenças significativas do perfil do frequentador dos espaços de atividade física e/ou esporte na cidade de Porto Velho.

Nesse âmbito, cabe destacar que, de acordo com os dados do Vigitel (2013), no que diz respeito à prática de atividade física no tempo livre (pelo menos 150 minutos de atividade física de intensidade moderada) em adultos maiores de 18 anos, em ambas as cidades, foram aproximadas, sendo (31,6%) em Porto Velho e (34,6%) em Recife.

6.2 O ESPAÇO PÚBLICO DE ATIVIDADE FÍSICA: O OLHAR DO USUÁRIO

Nesta categoria, são apresentados os resultados acerca da estrutura, organização e disponibilidade dos espaços de atividade física na cidade de Porto Velho. E assim, foram consideradas como variáveis categóricas: adequação do espaço, condições da iluminação, disponibilidade de equipamentos, reforma e/ou ampliação de espaços públicos, necessidade de mais espaços públicos, atendimento da demanda populacional por espaços, e sugestões da população para melhoria no espaço, conforme dispõe a tabela 2:

Tabela 2. Estrutura, organização e disponibilidade dos espaços públicos de atividade física na cidade de Porto Velho, 2013

Variáveis	Parques (por zona)						Valor p
	Centro		Norte		Leste		
Adequação do Espaço	N	%	N	%	N	%	0,47
Sim	29	56,9	64	62,7	35	68,6	
Não	22	43,1	38	37,3	16	31,4	
Condições de Iluminação							0,00
Ruim	10	19,6	38	37,3	49	96,1	
Regular	15	29,4	45	41,1	01	2,0	
Boa	26	51,0	19	18,6	01	2,0	
Disponibilidade e condições dos equipamentos							0,00
Sim	49	96,1	81	79,4	01	2,0	
Não	02	3,9	21	20,6	50	98	
Reformas e ampliação de espaços públicos							0,91
Sim	06	11,8	14	13,7	06	11,8	
Não	45	88,2	88	86,3	45	88,2	

POLÍTICAS PÚBLICAS E ATIVIDADE FÍSICA NA AMAZÔNIA

Variáveis	Parques (por zona)			
	Centro	Norte	Leste	Valor p
Necessidades de mais espaços públicos				0,43
Sim	48 94,1	90 89,1	48 94,1	
Não	03 5,9	11 10,9	03 5,9	
Demanda populacional por espaços.				0,20
Sim	11 21,6	32 31,4	10 19,6	
Não	40 78,4	70 68,6	41 80,4	
Sugestões da população para melhoria no espaço				0,00
Reforma e manutenção do espaço físico e aparelhos	38 74,5	92 90,2	51 100	
Orientação profissional	13 25,5	10 9,8	0 0	

Fonte: dados da pesquisa, 2013

Teste qui-quadrado (p < 0,05)

De acordo com a tabela 2, para a variável categórica "adequação do espaço", foi observada a predominância de respostas favoráveis quanto à adequação dos espaços em todas as zonas (56,6% Centro; 62,7% Norte; e Leste 68,6%). Porém, a partir da análise das justificativas de tal afirmativa, foi possível observar que há ressalvas no grupo de frequentadores favoráveis que, ao mesmo tempo em que alegam que o espaço está adequado, também enfatizam que é necessário melhorar a estrutura física, fazer a manutenção do espaço, entre outros, conforme demonstrativo qualitativo feito no **quadro 1** desta pesquisa.

Com relação às condições da iluminação, verificou-se que as respostas sofrem influência em conformidade com a zona. Na zona Centro, nas respostas dos frequentadores, predominou a avaliação da iluminação como sendo boa (51%). Já na zona Norte prevaleceu os que estimaram a iluminação como regular (41,1%). Já no estrato Leste, a iluminação foi enfatizada por (96,1%) do grupo como sendo ruim.

Ao tratar da disponibilidade e condições dos equipamentos nos espaços, investigou-se junto aos frequentadores se existem equipamentos para a realização da atividade física ou esporte, bem como quais são suas condições de uso.

Conforme tabela 2, verificou-se que nas zonas Centro e Norte predominaram a disponibilidade de equipamentos, sendo (96,1%) zona centro e (79,4%) zona norte. Em contrapartida, 98% dos frequentadores da zona leste, destacaram que não há disponibilidade de equipamento no local para os frequentadores.

Nessa perspectiva, quando se estabelece uma relação das respostas favoráveis dessa variável com o **quadro 2**, pode-se vislumbrar que os frequentadores que destacaram a existência dos equipamentos também salientaram, em sua maioria, que os equipamentos estão em condições precárias de uso e necessitam de manutenção, bem como são insuficientes para atender à população.

No que se refere à variável "reforma e ampliação dos espaços públicos", os frequentadores foram questionados quanto ao conhecimento acerca do tema. Dentre os resultados, observou-se, conforme tabela acima, que predominou o desconhecimento quanto à realização de reformas e ampliação dos espaços públicos de atividade física e esporte. Na seguinte ordem, (88,2%) no Centro; (86,3%) na zona Norte e (88,2%) na zona Leste.

Quanto à demanda populacional por espaços, foi questionado se os espaços existentes para atividade física e esporte atendem à demanda populacional. A partir das respostas obtidas, observar em conformidade com a tabela 2, observou-se que predominaram nos três estratos as respostas negativas (78,4% zona Centro; 68,6% zona Norte e 80,4% zona Leste), o que evidencia que os espaços não têm atendido a demanda da população. Em se tratando das sugestões da população para melhoria no espaço, os frequentadores destacaram a necessidade de reforma e manutenção do espaço físico e aparelhos (em 74,5%na zona Centro; 90,2 na zona Norte; e 100% na zona Leste).

6.3 A ATIVIDADE FÍSICA NO ESPAÇO PÚBLICO: A VOZ DO USUÁRIO

Nesta categoria, são apresentados os resultados sobre o diagnóstico do atendimento e prática da atividade física e esporte nos espaços. Isso posto, foram consideradas as seguintes variáveis categóricas: percepção dos programas e projetos; participação em programas e projetos; participação em programas e projetos de promoção da saúde e qualidade de vida; avaliação do atendimento da secretaria no local; atendimento e orientação profissional; frequência semanal; tempo dedicado; resultados alcançados; e satisfação com a prática da atividade física ou esporte, conforme exposto na tabela 3:

POLÍTICAS PÚBLICAS E ATIVIDADE FÍSICA NA AMAZÔNIA

Tabela 3. Oferecimento, atendimento e prática da atividade física e/ou esporte na cidade de Porto Velho, 2013

Variáveis	Parques (por região)						Valor p
	Centro		Norte		Leste		
Percepção dos programas e projetos	N	%	N	%	N	%	0,75
Não tem conhecimento	40	78,4	85	83,3	42	82,4	
Tem conhecimento	11	21,6	17	16,7	09	17,6	
Participação em programas e projetos							0,67
Sim	04	7,8	06	5,9	05	9,8	
Não	47	92,2	96	94,1	46	90,2	
Programas e projetos de promoção da saúde e qualidade da vida							0,07
Sim	03	5,9	17	16,7	11	21,6	
Não	48	94,1	85	83,3	40	78,4	
Avaliação do atendimento da secretaria (Secel/Semes)							0,02
Ruim	21	41,2	37	36,3	31	60,8	
Regular	18	35,3	49	48,0	16	31,4	
Bom	12	23,5	16	15,7	04	7,8	
Atendimento ou orientação profissional							0,00
Sim	00	00	17	16,7	01	2,0	
Não	51	100	85	83,3	50	98,0	
Frequência semanal							0,36
Até duas vezes por semana	05	9,8	17	16,7	10	19,6	
Acima de duas vezes por semana	46	90,2	85	83,3	41	80,4	
Tempo dedicado							0,02
De 30 a 60 minutos	17	33,3	48	47,1	31	60,8	
Acima de 60 minutos	34	66,7	54	52,9	20	39,2	
Resultados alcançados							1,00
Sim	50	98,0	100	98,0	50	98,0	
Não	01	2,0	02	2,0	01	2,0	

Variáveis	Parques (por região)						Valor p
	Centro		Norte		Leste		
Satisfação com a prática de atividade física ou esporte							1,00
Satisfeitos	50	98,0	100	98,0	50	98,0	
Insatisfeitos	01	2,0	02	2,0	01	2,0	

Fonte: dados da pesquisa, 2013

Teste qui-quadrado (p<0,05)

Com relação à percepção dos programas e projetos, investigou-se junto aos frequentadores se tinham conhecimento ou se percebiam os programas e projetos desenvolvidos pelas Secel/RO e Semes/PVH.

Dentre as respostas, foi possível constatar que predominou a ausência de conhecimento por parte do frequentador participante da pesquisa em relação aos programas e projetos das secretarias de esporte e lazer, na cidade de Porto Velho. Desse modo, observou-se que "não tem conhecimento" (78,4%) na zona Centro; (83,3%) zona Norte e (82,4%) zona Leste.

Quanto à participação em programas e projetos, foi questionado aos frequentadores se já participaram de programas e projetos desenvolvidos pela Secel/RO ou Semes/PVH, na cidade de Porto Velho. Os resultados evidenciam, conforme tabela 3, que a grande maioria dos usuários não participa ou não participaram das atividades da secretaria, sendo, respectivamente, (92,2%) no estrato Centro; (94,1%) estrato Norte e (90,2%) no estrato Leste.

No que se refere aos programas e projetos de promoção da saúde e qualidade de vida, investigou-se se os frequentadores têm conhecimento em relação ao desenvolvimento de programas e projetos voltados para promoção da saúde e qualidade de vida nos espaços, bem como se tais programas e projetos têm atendido à demanda da população. Com ênfase, foi observada a prevalência de respostas negativas, que destacam a não existência dos programas na cidade, aliadas às evidências elencadas no **quadro 2** que justificam que não é atendida a demanda populacional.

Em relação à variável avaliação do atendimento da secretaria no local, foi investigado junto aos frequentadores dos espaços como está o atendimento disponibilizado pela Secel/RO ou Semes/PVH no local. Nas zonas Centro e Leste, o atendimento foi avaliado predominantemente como ruim (41,2% e 48%), e na zona Norte houve prevalência dentre os usuários que destacaram o atendimento como regular (48%).

Para a variável atendimento ou orientação profissional, foi questionado aos frequentadores se tinham orientação do profissional de educação física no local no qual estavam fazendo atividade física ou esporte. Na zona Centro, por unanimidade (100%), os frequentadores destacaram que "não têm orientação profissional" no espaço.

Já nas zonas Norte e Leste, mesmo que predominantes, variaram entre (83,3%), na zona Norte e (98%), na zona Leste. Sobre o percentual expressivo de frequentadores que informaram "não ter orientação" nos espaços investigados, cabe salientar que o percentual de (2%) que informaram ter orientação na zona Leste também destacou que eles pagam *personal trainer* para orientação no respectivo espaço.

E no caso específico da zona Norte, por concentrar dois espaços – Espaço Alternativo e Parque da Cidade –, houve indicativos de que a orientação pelo profissional de educação física ocorre de forma esporádica, sem continuidade no Parque da Cidade. Com relação à frequência semanal, foi investigado junto aos frequentadores do espaço em relação à quantidade de dias que utilizam o espaço para a prática da atividade física ou esporte.

A partir da **tabela 3**, constata-se que o usuário utiliza o espaço acima de duas vezes por semana, sendo (90,2%), na zona Centro; (83,3%), na zona Norte e (80,4%) na zona Leste. No que se refere à variável tempo dedicado, foi verificado o tempo despendido no espaço para fazer sua atividade física ou esporte. Os resultados apontaram semelhanças entre as zonas Centro e Norte, e diferenças na zona Leste.

Enquanto nas zonas Centro e Norte, os frequentadores, respectivamente 66,7% e 52,9%, destacaram que praticam atividade física e/ou esporte no espaço por um período maior que 60 minutos. Já na zona Leste, (60,8%) informaram que a permanência no espaço para fins de atividade física e/ou esporte é de 30 a 60 minutos.

Para a variável resultados alcançados, investigou-se junto aos frequentadores se a prática da atividade física ou esporte tem promovido resultados e benefícios. A partir da **tabela 3**, pode-se visualizar a predominância dentre as respostas dos frequentadores, (98%) informaram ter percebido benefícios em seu corpo, mente e saúde na medida em que fez atividade física ou esporte, e os demais (2%), que informaram "não" como resposta, destacaram que é devido ao fato de terem iniciado há pouco tempo a prática de atividade física.

Em relação à variável de satisfação com a prática de atividade física ou esporte, assim como na variável de resultados alcançados, os frequentadores manifestaram um percentual significativo (98%) em que se mostraram satisfeitos com a atividade física e esporte, em ambas as zonas, e os que demonstraram insatisfação, justificaram informando a falta de estrutura física e manutenção do espaço, bem como a ausência de orientação do profissional de educação física no local.

Do mesmo modo, no grupo 2, constatou-se a predominância de respostas negativas quanto à ausência de orientação e acompanhamento profissional nos espaços (100%, na zona Centro; 83,3% na zona Norte; e 98% na zona Leste). Simultaneamente, pode-se ressaltar, que dentre os frequentadores que apresentaram respostas afirmativas quanto à existência de orientação profissional (zona Norte e Leste), na zona norte, ficou evidente que tal orientação acontece por meio das atividades do Projeto Academia Alternativa, realizada no Parque da Cidade.

No entanto, na zona Leste cidade, dos usuários que afirmaram receber orientação profissional no local, informaram que só recebem porque pagam aos profissionais da iniciativa privada que atendem como *personal trainer*. E, assim, tomando por base a ausência ou falta de orientação profissional nos espaços investigados, é pertinente apontar que tal situação também reforça o entendimento de que a oferta da atividade física e/ou esporte, pelas Secel/RO e Semes/PVH, tem sido disseminada pelo poder público local mais numa perspectiva de lazer, do que de promoção da saúde e/ou prevenção de doenças.

Além disso, ficou claro que em ambos os grupos (GPS-RO e GPS--PVH) prevalece como ações prioritárias da secretaria a prática esportiva, obedecendo a uma ordem de importância: primeiro, o rendimento, depois, a parte educacional e, por último, o lazer.

Nessa vertente, é pertinente salientar que, mesmo diante de divergências de opinião quanto aos objetivos a serem alcançados com a prática esportiva, tais como o rendimento, a parte educacional e o lazer, na prática, fomenta-se o esporte competitivo e o lazer, sendo que, na Secel/RO, a promoção do esporte é feita por meio dos Jogos Intermunicipais e Jogos Escolares, e o mesmo ocorre de forma competitiva na Semes/PVH.

Outro aspecto relevante é que na Secretaria Municipal de Porto Velho o esporte é desenvolvido nos programas e projetos ora como "esporte e lazer", ora como "esporte competitivo" e ora apenas numa perspectiva de "lazer". Relações com a promoção da saúde não foram identificadas.

Por outro lado, em ambos os espaços investigados observou-se, de forma predominante, que os frequentadores salientaram não ter conhecimento acerca dos programas e projetos da Secel/RO e Semes/RO (78,4% na zona Centro; 83,3% na zona Norte; e 82,4% na zona Leste); não estar participando e nem ter participado de nenhuma ação, projeto e programa oriundos das secretarias (92,2% na zona Centro; 94,1% na zona Norte e 90,2% na zona Leste).

Assim como há, também, uma percepção por parte da população que utiliza os espaços públicos que converge para o desconhecimento sobre a existência de programas e projetos voltados à promoção da saúde e qualidade de vida (94,4% na zona Centro; 83,3% na zona Norte e 78,4% na zona Leste). E os que responderam afirmativamente, salientaram que, por algumas vezes, observaram nos espaços a realização de eventos e ações isoladas por parte da prefeitura, e em outras vezes como sendo provenientes de iniciativas privadas.

Esse cenário, por sua vez, perdura e revela-se latente no olhar dos frequentadores, mesmo diante da prevalência de bons resultados de satisfação com a prática de atividade física e esporte no local (98% na zona Centro; 98% na zona Norte e 98% na zona Leste). Isso porque os usuários dos espaços também demonstraram insatisfação com o poder público, e avaliaram o atendimento da secretaria como ruim (41,2% no Centro e 60,8% na zona Leste) e regular na zona norte (48%).

Como sugestões para melhoria do atendimento prestado pelas secretarias Secel/RO e Semes/PVH, os frequentadores evidenciaram a necessidade de reformas, manutenção dos espaços físicos e aparelhos (7,5% na zona Centro; 90,2% na zona Norte e 100% na zona Leste) e a necessidade de profissionais de educação física para orientar e acompanhar a prática de atividade física nos espaços.

Nessa perspectiva, considerando que há uma vasta literatura sobre as modificações funcionais e estruturais decorrentes da prática regular de atividade física, e as consequências dessas adaptações, tanto para desempenho humano como para a saúde das pessoas em todas as idades, a prática da atividade física regular tem sido reconhecida no mundo e, em particular, no Brasil por seus efeitos benéficos nos praticantes no que diz respeito à saúde, bem-estar e qualidade de vida das pessoas que a pratica (ACSM, 1999; 2000; ZAMAI et al. 2011; MORETTI et al., 2009; MALTA et al., 2009; HALLAL, 2009; 2010; 2011).

Com relação ao diagnóstico do atendimento e prática da atividade física e esporte (grupo 2), no que se refere ao atendimento e ao oferecimento da atividade física e esporte, em Porto Velho (grupo 1), foi possível analisar de forma aprofundada a oferta e atendimento prestado pelas secretarias Semes/PVH e Secel/RO.

Além disso, foi possível estabelecer associações entre o atendimento prestado pela Secel/RO e Semes/PVH e o atendimento recebido pelo frequentador, bem como as inter-relações entre as dimensões política e social (grupos 1 e 2) acerca da oferta e da prática da atividade física e esporte nos espaços estudados.

Desse modo, considerando os resultados encontrados nos grupos 1 e 2, pode-se afirmar que o fomento a projetos voltados à promoção da saúde e qualidade de vida é praticamente inexistente, principalmente no âmbito da secretaria do estado Secel/RO. Igualmente é possível afirmar que a oferta de esporte e atividade física, por intermédio da Secel/RO e Semes/PVH, não tem atendido a demanda da população da cidade. Ao mesmo tempo em que chama a atenção para a inatividade física como um problema de saúde pública na atualidade, e um dos principais fatores de risco para o aparecimento de doenças crônicas degenerativas.

Segundo Malta *et al.* (2009), no Brasil, o incentivo e o reconhecimento para as práticas corporais, entendidas nesta pesquisa como atividade física e esporte, estão reconhecidas na Política Nacional de Saúde – PNS como uma fonte de proteção à saúde e à diminuição dos fatores de risco associados às doenças, como é o caso do sedentarismo. Entretanto, no que se refere especificamente a PNS, esta foi criada com o intuito de garantir a integralidade do cuidado com a saúde. Assim, a PNS dispõe diretriz e recomenda estratégias de organização das ações de promoção da saúde nas três esferas (federal, estadual e municipal).

Zamai *et al.* (2011) avaliou os benefícios da prática da atividade entre duas e três vezes por semana pelo Programa Mexa-se, da Unicamp, na cidade de São Paulo, e observou resultados positivos que evidenciaram melhoras no desempenho de atividades cotidianas e no trabalho (85,2% no sexo feminino e 70,5% no masculino); diminuição do peso corporal (55,5%); diminuição da pressão arterial (42,5%); redução de dores articulares e desconfortos físicos no trabalho (75%); e melhoras na flexibilidade (83%).

No entanto, tais benefícios pretendidos com a prática da atividade física e esporte, e disseminados pela literatura como fundamentais para promoção da saúde e prevenção de agravos, acabam sendo negligenciados pelo poder local ou até mesmo tem sua oferta limitada a parcelas da população que dispõem de condições econômicas, sociais e culturais para custeio de tal prática, e, portanto, não são garantidos os direitos adquiridos no âmbito da Constituição Federal, que permeiam os aspectos relacionados à saúde, ao esporte e ao lazer.

Com base em Silva (2012), em meados dos anos 1990, houve no Brasil um desmonte das políticas e dos serviços a elas inerentes e foi instituído um projeto neoliberal de governo que enalteceu o mercado, e incentivou a mercantilização do atendimento às necessidades sociais. Dessas ações, cabe destaque a financeirização de parte significativa dos recursos públicos destinados às políticas sociais. Realidade essa que sofre influência direta do mercado capitalista, bem como dos avanços tecnológicos da modernidade.

Como consequência, na atualidade, comumente é observado um número cada vez mais crescente de empresas privadas, que vendem a atividade física sistematizada (exercício físico) como um produto de bem-estar físico, mental e social, por meio dos veículos de comunicação, internet, entre outros, assim como também há uma crescente privatização desses serviços por intermédio dos chamados "profissionais do exercício" (CASPERSEN; POWELL; CHRISTENSON, 1985; CAVILL; KAHLMEIER; RACIOPPI, 2006; FARINATTI; FERREIRA, 2006).

Desse modo, tomando por base Farinatti e Ferreira (2006); Guarda, Mariz e Silva (2009), é pertinente destacar que a Revolução Industrial reforçou o interesse das classes dominantes. Contudo, tal preocupação não tem sido levado em conta, tendo em vista que não são oferecidas condições mínimas de saúde e, assim, no mundo globalizado capitalista, bem-estar e saúde tem sido relacionados com a certeza de aumento da produção, força de trabalho, consumo e mercado.

Na esfera pública, ao olhar para o Brasil, observa-se que são poucas cidades nas quais o poder local tem se preocupado e desenvolvido ações que estimulem e associem a prática e a intervenção da atividade física e/ou esporte com a necessidade do profissional de educação física, para orientar e acompanhar a população. Como experiências positivas, em recife, o Programa Academia da Cidade, implantado em 2002, pela Secretária de Saúde da cidade, apresenta-se inserido no Sistema Único de Saúde – SUS, como uma política de atenção básica à saúde, oferecendo orientação profissional, com resultados satisfatórios em relação à promoção da saúde e qualidade de vida da população (HALLAL *et al.* 2010).

Com relação à prática da atividade física e/ou esporte, foi observado de forma predominante, que os usuários frequentam o espaço acima de duas vezes por semana (90,2% na zona Centro; 83,3%, na zona Norte e 80,4% na zona Leste). No espaço praticam atividades diversificadas, como caminhada, corrida, alongamento, musculação, entre outros, e permanecem no espaço praticando atividade física e/ou esporte por um tempo, acima de 60 minutos (66,7%, na zona Centro; 52,9% na zona Norte e 39,2% na zona Leste).

Os resultados obtidos aqui divergem daqueles encontrados no estudo de Hallal *et al.* (2010), no que diz respeito à frequência semanal dos usuários (acima de quatros vezes por semana),e o tempo de prática diário (69 minutos). Dessa forma, chama-se a atenção que a falta de atividade física regular e sistematizada é um fator de risco primário e independente para muitos agravos à saúde e, principalmente, as doenças crônico-degenerativas.

A ausência do profissional de educação física nos espaços de atividade física e esporte possibilita interpretações de que a população de Porto Velho se encontra mais predisposta às doenças relacionadas ao sedentarismo. Situação essa que pode ser visualizada a partir de pesquisa realizada em 2011, pelo Vigitel. A cidade de Porto Velho é destacada como sendo o município mais sedentário do país (BRASIL, 2012).

E, no ano de 2013, em esfera nacional, encontra-se inserida dentre as cidades com as menores frequências de prática de atividade física no tempo livre (pelo menos 150 minutos, com intensidade moderada), com destaque para João Pessoa (37,0%), São Paulo (34,6%) e Porto Velho (37,9%), sendo que a frequência de adultos com prática insuficiente de atividade física, equivale a (49%), sendo (39,2%) para o sexo masculino e (59,4%) para o feminino. E, por último, ainda sobre o sedentarismo, em Porto Velho, verificou-se que (16,2%) da população encontra-se sedentária, valor acima do Distrito Federal (13,1%) e oitos cidades brasileira, como Vitória (14,3%), Salvador (14,3%), Porto Alegre (14,0%), Goiânia (14,6%), Florianópolis (13,4%), Curitiba (16,5%) e Campo Grande (13,9%) (BRASIL, 2014).

É importante esclarecer que há na literatura indicativos e recomendações em relação ao fato de que, para se alcançar resultados satisfatórios com a prática da atividade física e/ou esporte e consequente promoção da saúde e prevenção das doenças, há de se considerar aspectos fisiológicos, níveis e tipo de aptidão física, e o tipo de atividade praticada (ACMS, 1999; 2000).

Principalmente, no que se refere à atividade física sistematizada (exercício físico), a oferta e a prática exigem orientação e acompanhamento por um profissional de educação física, respeitando, assim, os princípios de treino nos quais estão contemplados frequência, intensidade e volume. Além disso, é importante considerar que um indivíduo sedentário consiste naquele que se apresenta insuficientemente ativo, nas horas de lazer e/ou que não pratica nenhuma atividade física sistematizada (CASPERSEN; POWELL; CHRISTENSON, 1985; CAVILL; KAHLMEIER; RACIOPPI, 2006).

De acordo com Vigitel (2011), no Brasil, (32,8%) da população geral e (29%) dos adultos são sedentários, bem como (43,4%) da população adulta brasileira está com peso corporal acima do recomendado. Outro dado importante, apontado pela Agência Nacional de Saúde – ANS (2007), diz respeito aos fatores do estilo de vida negativo, dentre os quais estão inseridos a inatividade física, que consiste no fator isolado mais importante na determinação da mortalidade por todas as causas. E, no caso específico da inatividade física, ela é responsável por quase dois milhões de mortes (BRASIL, 2012).

Em Porto Velho, conforme informações do Vigitel (2013), no que se refere ao excesso de peso e obesidade em adultos, respectivamente, encontram-se com excesso de peso no sexo masculino (57%) e no sexo feminino (48,5%). Quanto à obesidade, (19,2%) para o sexo masculino e 16,3% para o feminino, apresentam-se obesos (BRASIL, 2014).

Ainda sobre o Brasil, a maior parte dos casos de morte prematura tem como causa direta as condições desfavoráveis de vida advindas das desigualdades sociais e a presença marcante de hábitos de vida negativos, adquiridos em virtude da adoção do estilo de vida negativo, como o sedentarismo, alimentação inadequada, estresses, alcoolismo, tabagismo, entre outros (NAHAS, 2010; FARIAS; SALVADOR, 2005; BRASIL, 2006).

Nesse sentido, há uma corrente de autores que tem defendido a importância e os benefícios da atividade física para a saúde, a qualidade de vida e a prevenção de doenças associadas ao estilo de vida negativo, bem como tem fomentado a necessidade do desenvolvimento de políticas públicas que contemplem as medidas preventivas, educativas e ações de intervenção por parte do governo e do poder local (SCHIMIDT, 2006; MALTA *et al.*, 2009; MORETTI *et al.*, 2009; COSTA *et al.*, 2012).

Logo, as mudanças no estilo de vida e a adoção de hábitos saudáveis têm sido evidenciadas como sendo de total relevância na diminuição de fatores de risco e prevenção de doenças, o que refletiria na prevenção de pelo menos 80% das doenças do coração, bem como derrames e diabetes tipo II. Ademais, haveria diminuição dos custos e despesas médicos e hospitalares com as doenças crônicas degenerativas (FARIAS; SALVADOR, 2005; BRASIL, 2006).

Os resultados possibilitaram identificar perspectivas de avanços e/ou melhorias futuras na gestão da atividade física e esporte na cidade de Porto Velho, mediante as projeções para a criação do Sistema Estadual de Esporte e Lazer e a reformulação do Projeto de Lei para Incentivo ao Esporte. Contudo, há de se considerar também que a realidade das políticas públicas para atividade física e esporte em Porto Velho é reflexo das lacunas oriundas possivelmente de fatores históricos, políticos e econômicos, que permeiam a área no Brasil.

Nessa vertente, conforme o pensamento de Marques; Gutierres e Almeida (2011), historicamente no Brasil, as políticas públicas de esporte e lazer sofreram diferentes tipos de influências e apresentaram inúmeras formas de ação e, e dessa forma, é importante ponderar que sua constituição pode ser analisada tomando por base as transformações constitucionais e políticas da história do país.

Entretanto, a partir da história do esporte no estado, não se vislumbra uma preocupação quanto ao oferecimento da atividade física como ferramenta de promoção da saúde e qualidade de vida, mas, sim, o que se fomenta é a promoção do esporte de forma competitiva ou enquanto lazer. Como exemplo disso, cabe citar os percentuais significativos da população sedentária e com alto índice de obesidade (NAHAS, 2010; FARIAS; SALVADOR, 2005; BRASIL, 2006; SOUZA, 2006; GUARDA; MARIZ; SILVA, 2009; ZAMAI *et al.*, 2011).

CAPÍTULO 7

POLÍTICAS PÚBLICAS E ATIVIDADE FÍSICA: ALGUMAS CONSIDERAÇÕES

O presente capítulo aborda as considerações acerca do estudo de caso sob a ótica das políticas públicas voltadas para a promoção do esporte e da atividade física, no estado de Rondônia, bem como descreve do ponto de vista legal as mudanças e os principais avanços alcançados na gestão do poder público estadual e municipal, no que diz respeito ao planejamento, implementação e execução das políticas públicas na área da atividade física e esporte in loco, a partir do ano de 2014.

Para tanto, com base no estudo documental, inicialmente, apresenta-se os apontamentos sobre as diretrizes legais em vigor no estado de Rondônia (leis, resoluções e decretos), e as respectivas mudanças e avanços no campo das políticas e da gestão pública da atividade física e do esporte ocorridas a partir do ano de 2014. Por conseguinte, são apresentadas algumas considerações sobre o estudo de caso realizado no período entre 2013 e 2014 com o grupo de gestores e profissionais das Secretarias de Esporte e Lazer e o grupo de usuários dos espaços públicos na cidade de Porto Velho, no intuito de refletir a respeito da necessidade de integração das políticas públicas na Amazônia.

7.1 MUDANÇAS E AVANÇOS NAS POLÍTICAS EM RONDÔNIA: DESPORTO E LAZER

No ano de 2014, após a realização do estudo de caso na cidade de Porto Velho, foi criado no estado de Rondônia, o Sistema Estadual do Desporto e Lazer, pela Lei complementar n.º 775, de 02 de junho de 2014, com a finalidade de garantir a prática dos esportes de rendimento e apoiar a promoção de todas as manifestações do desporto educacional, de participação e de criação nacional, nos termos do artigo 25, da Lei Federal n.º 9.615, de 24 de março de 1998. Por meio da lei, regulamentou-se o desenvolvimento de políticas de apoio e melhorias do padrão de qualidade dos esportes em Rondônia, concomitantemente, assegurou-se e fomentou as práticas desportivas formais, reguladas por normas nacionais e internacionais e não formais caracterizadas pela liberdade lúdica de seus praticantes (RONDÔNIA, 2014).

A criação do Sistema Estadual do Desporto e Lazer constituiu base para evolução e consolidação das diretrizes políticas na área, bem como impactou significativamente na regulamentação, fiscalização, deliberação e gestão dessas políticas no estado. Como reflexos diretos, pode-se destacar a criação do Conselho Estadual de Desportos e Lazer do Estado de Rondônia (Conede-RO) e sua regulamentação pelo Decreto n.º 19.334, de 13 de novembro de 2014; a criação do Tribunal de Justiça Desportiva – TJD-RO e sua regulamentação por meio da resolução n.º 002, pelo Conede-RO de 14 de maio de 2015; e a criação e regulamentação do Fundo de Desenvolvimento do Desporto (Funder).

Frente aos avanços no âmbito do funcionamento do Sistema Estadual de Desporto e Lazer, o quadro abaixo apresenta, de forma sucinta, objetivos, competências, finalidade e responsabilidades do Conede-RO:

Conselho Estadual de Desportos e Lazer do Estado de Rondônia – Conede-RO		
Vinculado à Superintendência Estadual de Juventude, Esportes, Cultura e Lazer – Sejucel.		
Criado pela Lei complementar n.º 775 de 02/06/2014, funcionamento regulamentado pelo Decreto n.º 19.304 de 13/11/2014. É um órgão colegiado com jurisdição em todo o estado para deliberação coletiva com funções consultivas, deliberativas, normativas e fiscalizadoras.	O Conede-RO tem por objetivo o desenvolvimento de programas que promovam a massificação planejada da atividade física, do esporte e do lazer para toda a população do estado de Rondônia, bem como a melhoria do padrão de organização, gestão, qualidade e transparência no âmbito estadual do desporto e do lazer.	O Conede-RO tem competências que contemplam as dimensões administrativas e técnicas. Estabelece permanente diálogo entre o governo estadual e as organizações da sociedade civil; assessora a formulação de políticas públicas e diretrizes para garantia do direito humano ao desporto e lazer.

Fonte: Rondônia, 2014

Em relação às competências do Conede-RO, na dimensão administrativa, destaca-se: elaborar seu regimento, manter intercâmbio com os conselhos de desporto e lazer do país; exercer as funções atribuídas pela Lei complementar n.º 775, que cria o Sistema Estadual de Desporto; regular as atribuições do seu pessoal; zelar pelo funcionamento do órgão, segundo normas gerais do estado; e deliberar sobre matéria de caráter administrativo.

Na dimensão técnica, permeia deliberações no âmbito da sua competência em relação a medidas que visem ao aperfeiçoamento do Sistema Estadual do Desporto do Estado de Rondônia; o apoio e o acompanhamento na execução do Plano Estadual de Esporte e Lazer; e a emissão de pareceres sobre assuntos ligados à área desportiva por iniciativa dos conselheiros, ou quando solicitado por autoridades governamentais do estado, e a respeito de questões relativas à legislação esportiva; manutenção das políticas de colaboração com os demais sistemas de desporto e lazer da união, dos estados e do Distrito Federal e dos munícipios; e promoção de seminários, debates, audiências públicas sobre temas esportivos e de lazer.

Quanto à gestão do Conede-RO, no estado, desde a implementação e a primeira gestão, no ano de 2014, até janeiro de 2022, contou com uma galeria de 4 presidentes e 2 presidentas. Sendo que a primeira e segunda gestão do órgão foram realizadas por mulheres. Por meio do Conede-RO foi regulamentado também o Tribunal de Justiça Desportiva – TJD-RO. Referente ao Tribunal de Justiça Desportiva – TJD-RO, com base na Resolução n.º 002 de 14 de junho de2015, o artigo 2º evidencia que o TJD-RO caracteriza-se como unidade autônoma e independente da entidade de administração do desporto do sistema estadual, que se encontra vinculada ao Conselho Estadual do Desporto e Lazer. Compete ao TJD-RO processar e julgar as questões de descumprimento de normas relativas à disciplina e às competições desportivas, sempre asseguradas à ampla defesa e ao contraditório bem como aos recursos inerentes (Conede, 2015).

Em relação ao fomento da atividade física na perspectiva de lazer, no âmbito do estado de Rondônia, conforme decreto 19.304, de 13 de novembro de 2014, que regulamenta objetivos, responsabilidades e competências do Conede-RO, chama a atenção o disposto no artigo 2º, que trata sobre o objetivo do conselho em relação ao desenvolvimento de programas que promovam a massificação planejada da atividade física do esporte e do lazer para toda a população do estado de Rondônia (RONDÔNIA, 2014).

Em tal decreto é dada ênfase à necessidade de melhoria do padrão de organização, gestão, qualidade e transparência, no âmbito estadual, do desporto e do lazer. Nesse contexto, do ponto de vista aplicado, pode-se inferir que o fomento à atividade física com vistas à promoção, prevenção, manutenção da saúde e melhoria da qualidade de vida, no campo das políticas de esporte, fica implícito nas entrelinhas dessas práticas com a finalidade de lazer.

Sob a ótica da gestão financeira dos programas e projetos voltados para o desporto e lazer, o Decreto n.º 19.204, de 29de setembro de 2014, regulamentou o Conselho Diretor do Fundo de Desenvolvimento do Desporto – Funder, e o Decreto n.º 02, de junho de 2017, regulamenta o artigo 19 da Lei complementar n.º 775, de 02dois de junho de 2014, sobre a criação do Fundo de Desenvolvimento do Desporto – FUNDER como forma de suporte financeiro aos programas e projetos de caráter desportivo e recreativo que se enquadrem nas diretrizes e prioridades da política estadual de desportos e constantes no Plano Estadual de Desporto (RONDÔNIA, 2017).

7.2 CONSIDERAÇÕES SOBRE AS POLÍTICAS PÚBLICAS DE ATIVIDADE FÍSICA E ESPORTE EM PORTO VELHO

A construção das políticas públicas para atividade física e esporte, em Porto Velho, no século XXI perpassa por mudanças administrativas, estruturais, organizacionais marcadas por uma instabilidade política, bem como é reflexo direto das mudanças constantes na gestão que cuida do Esporte, na esfera estadual e municipal. Assim, no âmbito estadual, enquanto órgão regulador das políticas públicas, o estado tem apresentado uma estrutura impotente de ultrapassar o caráter inicial de planejamento, estruturação e consolidação de uma política pública para atividade física e esporte no estado.

Com relação às diretrizes políticas e programas que norteiam as ações das secretarias (Secel/RO e Semes/PVH), por intermédio do estudo de caso, foi possível identificar como pressupostos legais para o desenvolvimento das políticas de atividade física e esporte: na esfera estadual (Secel/RO); a Constituição Federal; a Lei Pelé; as Conferências Nacionais do Esporte; e a Lei de Incentivo ao Esporte. No âmbito municipal, a Semes/PVH, tem norteado suas ações por meio de projetos e programas que são planejados a partir de ideias e discussões entre os funcionários dessa secretaria, entretanto tais projetos e programas têm sido insuficientes e limitados a espaços e/ou locais específicos, e estes não atendem à demanda da população.

Ao longo do estudo de caso da Cidade de Porto Velho, identificou-se evidências que alicerçam a falta e/ou insuficiência de diretrizes políticas eficaz para planejamento e implantação específica para atividade física e esporte, tendo em vista a presença marcante de programas, projetos e ações isoladas que sofrem influências diretas do poder local e obedecem à dinâmica de mudança de governo e, consequente variação de gestores nas secretarias de esporte e lazer.

POLÍTICAS PÚBLICAS E ATIVIDADE FÍSICA NA AMAZÔNIA

Desse modo, a partir dos resultados, houve vestígios que apontam para lacunas na legislação, que estabelece a política pública consolidada para a atividade física, esporte e lazer na cidade, dada a ausência de ações articuladas entre o poder público local e a sociedade civil que possibilitem o planejamento, implementação e consolidação das políticas públicas para a área numa perspectiva intersetorial, integrada com o conselho municipal de esporte, e que contemple a continuidade dos programas e projetos sem interrupções.

Sobre o poder local, cabe salientar que o estudo aponta evidências de que as lacunas nas políticas públicas para atividade física e esporte, também são frutos dos obstáculos que são postos pela burocracia do sistema público e pela ausência de legislação nas secretarias. Nessa vertente, vislumbra-se que a falta de uma política pública consolidada, que exija dos gestores públicos da área do esporte e lazer o cumprimento das diretrizes legais nas etapas do planejamento e execução das ações, pode estar associada ao ambiente de instabilidade política na área do esporte, em âmbito nacional, ao sistema econômico em vigor e a responsabilidade do Estado que, por meio dos seus governantes, acabam negligenciando e/ou não dando importância devida ao desenvolvimento das atividades esportivas, de lazer e saúde para a população.

Sob esta perspectiva, pode-se afirmar que os pressupostos teóricos levantados no estudo de caso apontam indícios de que, no período de realização da pesquisa (anos 2013 a 2014), não havia políticas públicas institucionalizadas para atividade física e esporte, nem consolidadas de forma articulada entre as esferas nacionais, estaduais e municipais, na cidade de Porto Velho, bem como se constatou a carência de programas, espaços públicos e ações para a promoção da saúde e qualidade de vida que viabilizem a prática da atividade física e esporte, no intuito de contribuir para a diminuição do sedentarismo da população do município.

No que se refere à estrutura e à disponibilidade de espaços, em ambos os grupos, os resultados encontrados apontam para a insuficiência dos espaços para atendimento da demanda populacional da cidade, bem como evidenciam a necessidade de reforma, ampliação e manutenção do espaço com estrutura física e humana adequada.

Tratando-se dos espaços de atividade física em contato com a natureza, o Parque Circuito, localizado na zona da cidade, é um dos mais populares e antigos espaços de Porto Velho para a prática de esporte, atividades físicas e lazer. É pertinente salientar que o referido Parque é arborizado com seringueiras, e abriga um minimuseu que retrata a história de seringueiros na capital e no estado (SEMA, 2022).

O local funciona diariamente e quem chega nesse Parque encontra uma grande área verde com grama aparada, um quilômetro de pista de caminhada, campo para futebol e vôlei de areia, playground, academias ao ar livre, banheiros e um chuveirão, bem como um parquinho para diversão da criançada (SEMA, 2022; SILVA, 2024).

Sobre as obras de reforma da SEMES, no período entre os anos de 2022 e 2023, vários polos de atividades físicas e esportes que estavam abandonados foram reformados e revitalizados, dentre os quais destaca-se a Vila Olímpica Chiquito Erse, que estava abandonada há quase 30 anos. A projeto de reforma consistiu na modernização de todo o prédio com a substituição da estrutura metálica de cobertura, arquibancadas, pisos, paredes e iluminação de LED.

Em locais distintos da cidade de Porto Velho, de acordo com a Sejucel/RO (RONDÔNIA, 2024), há também 7 Centros de Esporte e Lazer – Cedels, conforme descrito no organograma a seguir:

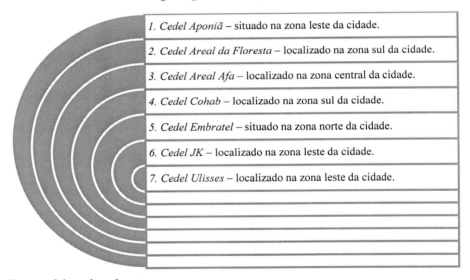

Fonte: elaborado pela autora

Em relação a estrutura física e/ou esportiva: O *Cedel Aponiã* e o *Cedel Embratel* apresentam em sua estrutura quadras de esportes. Enquanto o *Cedel Areal da Floresta*, possui uma sede administrativa, com banheiros públicos, depósito e um prédio em anexo próxima ao campo de futebol.

No *Cedel Areal da Floresta* há quadra poliesportiva, quadra de areia, campo de futebol, pista de skate, dois espaços cobertos tipo chapéu de palha e parque infantil. Cenário semelhante é apresentado no *Cedel Areal Afa, que possui um* campo de futebol, duas quadras de vôlei, vestiário, arquibancada, pista de caminhada.

Referente ao *Cedel Cohab, além da* sede administrativa com banheiros públicos e depósito, o espaço conta quadra poliesportiva, quadra de areia, campo de futebol, pista de jogging e parque infantil.

Quanto ao *Cedel JK, este centro* possui uma sede administrativa com cozinha, depósito de materiais esportivos, banheiros masculino e feminino, bem como possui em sua esportiva, um campo de futebol, uma quadra poliesportiva e uma quadra de areia.

E por fim, o *Cedel Ulisses* também conta com um prédio de Administração, com cozinha, depósito de materiais esportivos, banheiros masculino e feminino e um prédio destinado para polícia militar para ações comunitárias. No centro, a estrutura esportiva conta com campo de futebol, pista de caminhada no entorno, quadra poliesportiva, quadra de areia, anfiteatro com calçada e chuveiro numa área externa próximo ao setor esportivo.

Quanto à estrutura humana, os resultados encontrados indicam que tanto a percepção, oferecimento e implantação dos programas e projetos de atividade física ou esporte, quanto à orientação pelo profissional de educação física nos espaços investigados se revela insuficiente para atender as necessidades da população, principalmente no que se refere ao desenvolvimento de ações voltadas para a promoção da saúde e qualidade de vida.

Em síntese, espera-se que o estudo de caso da realidade de Porto Velho possa servir como subsídio ao poder local para o desenvolvimento de políticas públicas para atividade física e esporte na cidade de Porto Velho, e consequente desenvolvimento da saúde e qualidade de vida da população. Entretanto, acredita-se que seja necessária a realização de mais estudos na cidade sobre o assunto, tendo em vista que a literatura sobre área ainda se encontra limitada. Sendo assim, por meio deste estudo, espera-se que outros sejam desenvolvidos na tentativa de ampliar a discussão acerca das diretrizes, políticas e programas na área da atividade física e esporte.

Assim, recomenda-se, que sejam elaboradas, como estratégias de intervenção, propostas fundamentadas e consistentes de políticas públicas para a atividade física e esporte pelo poder local, de Porto Velho, em esfera estadual e municipal, bem como que sejam levantadas informações referentes ao contexto histórico, à organização e à estrutura burocrática das secretarias, aos recursos disponíveis para gestão de tais políticas, e às perspectivas de consolidação de conselhos municipal e estadual de esporte. Da mesma maneira, que sejam estabelecidas relações diretas com os gastos públicos advindos de despesas com médicos e hospitalares no tratamento de doenças crônico-degenerativas, tendo em vista que a falta de atividade física tem sido o principal fator de risco dessas doenças.

REFERÊNCIAS

AMERICAN COLLEGE OF SPORTS MEDICINE. **Programa de condiciona-mento físico ACMS**. 2. ed. São Paulo: Manole, 1999.

AMERICAN COLLEGE OF SPORTS MEDICINE. **Guidelines for exercise testing and prescription**. Philadelphia: Lippincott Willians & Wilkins, 2000.

AGÊNCIA NACIONAL DE SAÚDE. **Manual técnico para promoção da saúde e prevenção de riscos e doenças na saúde suplementar**. 3. ed. Rio de Janeiro,2007.

AMARAL, S. C. F; PEREIRA, A. P. C. Reflexões sobre a produção em políticas públicas de educação física, esporte e lazer. **Revista Brasileira de Ciências do Esporte**. Campinas, v. 31, n. 1, p. 41-56, set. 2009.

ANDRELLO, E; ROBERTO, M; JUNIOR, A. C; REICHERT, F. F. R. Atividade física e saúde pública sob o olhar de secretários municipais de saúde. **Revista Brasileira de Atividade Física & Saúde**, Pelotas/RS, v. 17, n. 3, p. 206-211, jun. 2012.

ARRETCHE, M. Dossiê agenda de pesquisa em políticas públicas. **Revista Brasileira de Ciências Sociais**, [s. l.], v. 18, n. 51, fev. 2003.

BAHIA, M. C; LIMA, P. C. Acessibilidade e inclusão social nas Políticas Públicas de lazer. *In:* SOARES, A. *et al.* **Diagnóstico do esporte e lazer na região norte brasileira**: o existente e o necessário. Amazonas: UFA,2011.

BANKOFF, A. D. P; ZAMAI, C. A. Estudos sobre políticas públicas de esporte e lazer de prefeituras municipais do estado de São Paulo. **Conexões**: revista da Faculdade de Educação Física da UNICAMP, Campinas, v. 9, n. 2, p.70-84, maio/ago. 2011.

BARBETTA, P. A. **Estatística aplicada às ciências sociais**. 3. ed. Florianópolis: Editora da UFSC, 1999.

BARDIN, L. **Análise de conteúdo**. São Paulo: Edições 70, 2011. 279p.

BARROS, S. S. H; BARROS, M. V. G; CATTUZZO, M. T. **Atualização em atividade física e saúde**. Recife: EDUPE, 2009. 251 p.

BASTOS, F. da C. **Gestão democrática e política municipal de esporte:** o caso de Santana de Parnaíba. 2008. Tese. (Doutorado em Educação) – Faculdade de Educação da Universidade de São Paulo. São Paulo: 2008. 168 p.

BECKER, B. K. Eixos de integração e desenvolvimento e a Amazônia. **Revista Território,** [s. l.], ano IV, n. 6, jan./jun., 1999.

BECKER, B. K. Primeiras Intervenções. *In:* NASCIMENTO, E. P; VIANNA, J. N. (org.). **Dilemas do desenvolvimento sustentável no Brasil.** Rio de Janeiro: Garamond, 2009.

BERNALDINO, E. S; PINHEIRO, E. P. O. OLIVEIRA, J. N; BORGES, C. J. B. GONÇALVES, L. G. O. Políticas públicas de esporte e lazer: realidade e perspectivas no município de Porto Velho. *In:* LIBERATO, A; SOARES, A. (org.). **Políticas Públicas de Esporte e Lazer:** traços históricos. Manaus: Edua, 2010.

BERNALDINO, E. de S.; MELO, I. G.; FARIAS, E. dos S.; BARBA; C. H.; BORGES, C. J.. Grau de percepção da satisfação e insatisfação dos usuários de parques públicos para prática de atividade física na cidade de Porto Velho/RO. **Coleção Pesquisa em Educação Física,** [s. l.], v. 20, n. 4, p.45-54, 2021. ISSN; 1981-4313.

BOBBIO, N. **Estado, governo, sociedade:** para uma teoria geral da política. Tradução Marco Aurélio Nogueira. 14. ed. Rio de Janeiro: Paz e Terra, 2007.

BOBBIO, N. Governo dos homens ou governo das leis. *In:* **O futuro da democracia:** Uma defesa das regras do jogo/ Noberto Bobbio. Tradução Marco Aurélio Nogueira. 6ª ed. Rio de Janeiro: Paz e Terra, 1997.

BOITO JR, A. Estado e burguesia no capitalismo neoliberal. **Revista de Sociologia Política,** Curitiba, v. 28, p. 57-73, jun. 2007.

BONALUME, C. R. O lazer numa proposta de desenvolvimento voltado a qualidade de vida. *In:* MULLER, A; COSTA, L. P. (org.). **Lazer e desenvolvimento regional.** Santa Cruz do Sul: EDUNISC, 2002.

BRASIL. Constituição (1988). **Constituição da República Federativa do Brasil.** Brasília, DF: Senado, 1988.

BRASIL. Ministério da Saúde. Ministério da Saúde. Secretaria de Vigilância em Saúde. **Política Nacional de Promoção da Saúde.** Brasília, DF, 2006.

BRASIL. Secretaria de Vigilância em Saúde. **Ações transversais da vigilância em saúde:** promoção, integração e análise.. Brasília: DF, 2009.

BRASIL. Ministério da Saúde. Secretaria de Vigilância em Saúde. **Ações transversais da vigilância em Saúde:** promoção, integração e análise. Brasília: DF, 2011.

BRASIL. Ministério da Saúde. Secretaria de Vigilância em Saúde. VIGITEL, **Vigilância de fatores de risco e proteção para doenças crônicas por inquérito telefônico**, 2011. Estimativas sobre frequência e distribuição sociodemográfica de fatores de risco e proteção crônicas nas capitais dos 26 Estados brasileiros e no Distrito Federal. Brasília: DF, 2012.

BRASIL. Ministério da Saúde. Secretaria de Vigilância em Saúde. **Vigitel Brasil 2013:** vigilância de fatores de risco e proteção para doenças crônicas por inquérito telefônico. Brasília: Ministério da Saúde, 2014.

BRASIL. Ministério do Esporte. **Coletânea esporte e lazer:** políticas de Estado. Caderno II: Construindo o Sistema Nacional de Esporte e Lazer. Brasília: DF, 2009.

BRASIL. Presidência da República. **Lei complementar n.º 124 de 3 de janeiro de 2007**. Disponível no site: https://www.planalto.gov.br/ccivil_03/leis/lcp/lcp124.htm. Acesso em: 30 jan. 2022.

BRASIL. Presidência da República. **Lei n.º 1.806 de 06 de janeiro de 1953**. Disponível no site: http://www.planalto.gov.br/ccivil_03/leis/1950-1969/L1806.htm. Acesso em 30 de janeiro de 2022.

BRASIL. Presidência da República. **Lei n.º 5.173 de 27 de outubro de 1966**. Disponível em: http://www.planalto.gov.br/ccivil_03/leis/l5173.htm. Acesso em: 30 jan. 2022.

BRASIL. Ministério do Planejamento, Orçamento e Gestão. Secretaria de Planejamento e Investimentos Estratégicos – SPI. **Relatório de Avaliação do Plano Plurianual 2004-2007:** Volume I – Tomo I. Exercício 2008 – ano base 2007. Brasília: MP, 2008.

BRACTH, V. **Sociologia crítica do esporte:** uma introdução. 1. ed. Vitória: UFES, 1997.

BUSS, P. M. Promoção da saúde e qualidade de vida. **Revista Ciência e Saúde Coletiva**, [s. l.], v. 5, n. 1, p. 163-177, 2000. Disponível em: http:// https://www.scielo.br/j/csc/a/HN778RhPf7JNSQGxWMjdMxB/abstract/?lang=pt. Acesso em: 10 out. 2012.

CAMARGOS, M. A. Reflexões sobre o cenário econômico brasileiro na década de 90. ENEGEP: XXII Encontro Nacional de Engenharia de Produção. Curitiba, out.

de 2002. Disponível em: http://www.abepro.org.br/biblioteca/ENEGEP2002_TR30_0918.pdf. Acesso em: 10 jun. 2022.

CARLEIAL, L. M. F. Subdesenvolvimento globalizado: a resultante das escolhas da política econômica brasileira nos anos noventa. **Revista Paraense de Desenvolvimento**, Curitiba, n. 106, p. 7-28, jan./jul. 2004.

CASTELLANI FILHO, L. **Educação física no Brasil:** a história que não se conta. Campinas: Papirus, 1994. 225p.

CASTRO, M. H. M. **Amazônia** – soberania e desenvolvimento sustentável. Brasília: CONFEA, 2007. 120p

CASPERSEN, C. J; POWELL, K. E; CHRISTENSON, G. M. Physical Activity, Exercise, and Physical Fitness: Definitions and Distinctions for Health-Related Research. **Public Health Reports**, [s. l.], v. 100, n. 2, March-April, 1985.

CAVILL, N; KAHLMEIER, S; RACIOPPI, F. Physical activity and health in Europe: Evidence for action. **World Health Organization**, Europe, 2006.

CONEDE – Conselho Estadual de Desporto e Lazer. **Resolução n.º 002/2015-CONEDE**. Disponível em: http://www.conedel.ro.gov.br/Uploads/Arquivos/PDF/Resolu% C3%A7%C3%A3o%20002_regulamenta%20o%20TJD.pdf. Acesso em: 21 jan. 2022.

COSTA, D; REIS, B. Z; VIEIRA, D. A. S; COSTA, J. O; TEIXEIRA, P. D. S; RAPOSO, O. F. F; LIMA, F. E. L; MENDES NETO, R. S. Índice de qualidade da dieta de mulheres usuárias de um programa de Atividade Física regular "Academia da Cidade" Aracajú, SE. **Rev. Nutr.**, Campinas, v. 25, n, 6, p. 731-141, nov./dez. 2012.

Espaço alternativo de Porto Velho vai ganhar infraestrutura de lazer e práticas esportivas. **DEPARTAMENTO DE COMUNICAÇÃO DE RONDÔNIA – DECOM**. Governo do Estado de Rondônia. Disponível em: www.rondonia.ro.gov.com.br. Acesso em: 10 jul. 2014.

DIAS, D. C; FONSECA, Z. V. D. O esporte e o lazer como necessidade humana: inflexões. *In:* SOARES, A. *et al.* **Diagnóstico do esporte e lazer na região norte brasileira**: o existente e o necessário. Amazonas: UFA, 2011.

DUCA, G. F. Del; NAHAS, M. V.; HALLAL, P. C.; PERES, K. G. Atividades físicas no lazer entre adultos de Florianópolis, Santa Catarina, Brasil: estudo populacional sobre as características das práticas e de seus praticantes. **Ciência & Saúde Coletiva**, [s. l.], v. 19, n. 11, p. 4595-4604, 2014.

ENGELS, F. **Origem da família, da propriedade privada e do Estado.** Tradução de Leandro Konder. 3. ed. São Paulo: Expressão Popular, 2012. 304 p.

ETGES, V. E. O lazer no contexto das múltiplas dimensões do desenvolvimento regional. *In:* MULLER, A; COSTA, L. P. (org.). **Lazer e desenvolvimento regional.** Santa Cruz do Sul: EDUNISC, 2002.

FARIAS, E. S; SALVADOR, M. R. D. Antropometria, composição corporal e atividade física de escolares. **Revista Brasileira Cineantropometria e Desenvolvimento Humano,** [*s. l.*], v. 7, n. 1, p. 21-29, 2005. ISSN1415-8426.

FARIAS, Vanessa. **Parque Jardim das Mangueiras se torna Área de Proteção Ambiental.** Superintendência Municipal de Comunicação (SMC). Publicada em 26 ago. 2022. Disponível em: https://www.portovelho.ro.gov.br/artigo/36161/meio-ambiente-parque-jardim-das-mangueiras-se-torna-area-de-protecao-ambiental. Acesso em 25 mar. 2024.

FARINATTI, P. T. V; FERREIRA, M. S. **Saúde, promoção da saúde e educação física:** conceitos, princípios e aplicações. Rio de Janeiro: EdUERJ, 2006.

FERREIRA, D. S. F; GOMES, R; MINAYO, M. C. S. **Pesquisa social:** teoria, método e criatividade. Petrópolis, RJ: Vozes, 2010.

FREY, K. Políticas públicas: um debate conceitual e reflexões referentes à prática da análise de políticas públicas no Brasil. **Planejamento e Políticas Públicas,** Brasília, n. 21, p. 211-259, jun. 2000.

GIL, A. C. **Métodos e técnicas de pesquisa social.** São Paulo: Atlas, 2010.

G1 RONDÔNIA. **Governo diz que obras no Espaço Alternativo devem ser entregues em março de 2024, em Porto Velho.** Rede Amazônica. Publicação em: 14 nov. 2023. Disponível em: https://g1.globo.com/ro/rondonia/noticia/2023/11/14/governo-diz-que-obras-no-espaco-alternativo-devem-ser--entregues-em-marco-de-2024-em-porto-velho.ghtml Acesso em 25 mar. 2024.

GUARDA, F. R. B.; MARIZ, J. V. B; SILVA, R. N. **Atividade Física E Saúde Pública:** contribuições e perspectivas. Tese. Recife, 2009.

HALLAL, P. C; CARVALHO, Y. M; TASSITANO, R. M; TENÓRIO, M. C. M; WARSCHAUER, R; REIS, R; CRUZ, D. K. A; DAMASCENA, W; MALTA, D. C.; TASSITANO, R. Avaliação quali-quantitativa do programa Academia da Cidade, Recife (PE): concepções dos professores. **Revista Brasileira de Atividade Física & Saúde,** [*s. l.*], v. 14, n. 1, 2009.

HALLAL, P. C; TENÓRIO, M. C. M; TASSITANO, R. M; REIS, R. S; CARVALHO, Y. M; CRUZ, D. K. A; DAMASCENA, W; MALTA, D. C. Avaliação do programa promoção da atividade física Academia da Cidade de Recife, Pernambuco, Brasil: percepções de usuários e não usuários. **Caderno Saúde Pública**, Rio de Janeiro, v. 26, n. 1, p. 70-78, jan, 2010.

HALLAL, P. C *et al.* Time trends of physical activity in Brazil (2006-2009). **Rev. bras. epidemiol.**, [*s. l.*], v. 14, suppl. 1, p. 53-60, 2011. ISSN 1415-790X.

HARVEY, D. **O neoliberalismo:** história e implicações. Tradução: Adail Ubirajara Sobral e Maria Stela Gonçalves. 2. ed. São Paulo: Ed. Loyola, 2012 .

HEIDEMANN, F. G; SALM, J. F. **Políticas públicas e desenvolvimento:** bases epistemológicas e modelos de análise. 2. ed. Brasília: Editora Universidade de Brasília, 2010.

HOCHMAN, G; ARECTHE, M; MARQUES, E. (org.). **Políticas públicas no Brasil**. Rio de Janeiro: Fiocruz, 2007.

IBGE – Instituto Brasileiro de Geografia e Estatística. **Censo demográfico 2000**. Disponível em: http://www.IBGE.gov.br/home/estatistica/. Acesso em: nov. 2012.

IBGE – Instituto Brasileiro de Geografia e Estatística. Indicadores sociodemográficos e de saúde no Brasil. **Estudos & Pesquisas informação democrática e socioeconômica**, 2009. Disponível em: http://www.IBGE.gov.br. Acesso em: 23 dez. 2014.

IBGE – Instituto Brasileiro de Geografia e Estatística. **Síntese de indicadores sociais**: uma análise das condições de vida da população brasileira. Coordenação de População e Indicadores Sociais. (Estudos e Pesquisas. Informação Demográfica e Socioeconômica, ISSN 1516-3296; n. 44). Rio de Janeiro: IBGE, 2021. 206 p. Disponível em: https://biblioteca.IBGE.gov.br/visualizacao/livros/liv101892. pdf. Acesso em: 30 jan. 2022.

SILVA, Edina. **Reforma e limpeza do Skate Park devem ser concluídas ainda neste final de semana**. Prefeitura de Porto Velho: publicada em 20 jan. 2012. Disponível em: https://www.portovelho.ro.gov.br/artigo/11428/reforma--e-limpeza-do-skate-park-devem-ser-concluidas-ainda-neste-final-de-semana. Acesso em: 25 mar. 2024.

SILVA, Rando. **Parque Circuito e Skate Parque são opções de lazer e prática de atividades físicas para famílias de Porto Velho**. Superintendência Municipal de Comunicação (SMC): publicada em: 25 jan. 2024. Disponível em:

https://www.portovelho.ro.gov.br/artigo/43188/espacos-publicos-parque-cir-cuito-e-skate-parque-sao-opcoes-de-lazer-e-pratica-de-atividades-fisicas-para--familias-de-porto-velho Acesso 25 mar. 2024.

INSTITUTO DE PESQUISA ECONÔMICA APLICADA (IPEA). **Brasil em Desenvolvimento:** Estado, Planejamento e Políticas Públicas. Brasília: IPEA, 2009.

INSTITUTO DE PESQUISA ECONÔMICA APLICADA (IPEA). **Brasil em Desenvolvimento:** Estado, planejamento e políticas públicas. Brasília: IPEA, v. 3, 2010.

LENIN, V. I. **O Estado e a revolução:** o que ensina o marxismo sobre o Estado e o papel do proletariado na revolução Tradução revista por Aristides Lobo. 2. ed. rev. São Paulo: Expressão Popular: Atual, 182 p, 2010.

LIMA, R. C. **A expansão do ensino profissionalizante no Brasil sob a ótica das teorias crítico produtivista.** Universidade Federal de Florianópolis – Ufsc. V Encontro Brasileiro de Educação e Marxismo, Educação e Emancipação Humana, abril de 2011.

MALTA, D. C. A promoção da saúde e da atividade física no Sistema Único de Saúde. **Revista Brasileira de Atividade Física & Saúde**, [s. l.], v. 13, n. 1, 2008.

MARCELLINO, N. C. (org.). **Lazer e esporte: políticas públicas**. São Paulo: Autores Associados, 2001.

MARCELLINO, N. C. O lazer como fator e indicador de desenvolvimento Regional. *In:* MULLER, A; COSTA, L. P. (org.). **Lazer e desenvolvimento regional**. Santa Cruz do Sul: EDUNISC, 2002.

MARQUES, R. F. R; GUTIEREZ, G. L; ALMEIDA, M. A. B. Participação social em políticas públicas de esporte e lazer no brasil: o exemplo das conferências nacionais do esporte. *In:* GUTIERREZ, G. L; VILARTA, R; MENDES, R. T. (org.). **Políticas públicas qualidade de vida e atividade física.** 1. ed. Campinas: Ipes, 2011.

MATTOS, M. G. **Teoria e prática da metodologia da pesquisa em educação física**. São Paulo: Phorte, 2004.

MELO, M. P. de. **Esporte e juventude pobre:** políticas de lazer na vila olímpica da Maré. Campinas: Autores Associados, 2005. 201 p.

MEZZADRI, F. M; STAREPRAVO, F. A; BASSO, D; GUIMARÃES, L; REIS, R. P. Políticas públicas para o esporte e lazer nas cidades do estado do Paraná. *In:*

MEZZADRI, F. M; CAVICHIOLLI, F. R; SOUZA, D. L. (org.). **Esporte e Lazer:** subsídios para o desenvolvimento e a gestão de Políticas públicas. Jundiaí, SP: Fontoura, dez. 2006.

MOREIRA, F. S. A participação popular nas políticas públicas de esporte e lazer. *In:* SOARES, A. *et al.* **Diagnóstico do esporte e lazer na região norte brasileira:** o existente e o necessário. Amazonas: UFA,2011.

MORETTI, A. C; ALMEIDA, V; WESTPHAL, M. F; BÓGUS, C. M. Práticas Corporais/Atividade Física e políticas públicas de promoção da saúde. **Revista Digital Saúde Soc.**, São Paulo, v. 18, n. 2, p. 346-354, 2009. Disponível em: http://www.revistas.usp.br/sausoc/article/view/29605/31473. Acesso em: 25 dez. 2014.

MOYSÉS, S. J; MOYSÉS TETU, S; KREMPEL, M. C. Avaliando o processo de construção de Políticas Públicas de promoção de saúde: a experiência de Curitiba. **Revista Ciência & Saúde Coletiva**, Rio de Janeiro, v. 9, julho-set. 2004. Disponível em: https://www.scielo.br/j/csc/a/wjgmykcr7jzC5zPfbKLK9gv/?lang=pt. Acesso em: 25 mar. 2024.

NAHAS, M. V. **Atividade física, saúde e qualidade de vida:** conceitos, sugestões para um estilo de vida ativo. Londrina, Midiograf, 2001.

NAHAS, M. V. **Atividade Física, saúde e qualidade de vida:** conceitos e sugestões para um estilo de vida ativo. 5. ed. Londrina: Midiograf, 2010.

NOGUEIRA D; FAERSTEIN E; RUGANI I; CHOR D; LOPES C.S, WERNECK G. L. Does leisure-time physical activity in early adulthood predict later physical activity? Pro-Saude Study. **Revista Brasileira de Epidemiologia,** [*s. l.*], v. 12, n. 1, p. 3-9, 2009.

OLIVEIRA, S. A. M. Norberto Bobbio: teoria política e direitos humanos. **Revista de Filosofia**, [*s. l.*], v. 19, n. 25, p. 361-372, jul/dez, 2007.

PASTORINI, A; ALVES, A. M; GALIZIA, S. V. **Estado e cidadania:** reflexões sobre as políticas públicas no brasil contemporâneo. Rio de Janeiro: FGV, 2012.

PASTORINI, A; ALVES, A. M; GALIZIA, S. V. O campo das políticas públicas: diversidade de temas e perspectivas. *In:* **Estado e cidadania:** reflexões sobre as Políticas Públicas no Brasil contemporâneo. Rio de Janeiro: FGV, 2012.

PERES, F. F; MELO, V. A. Lazer, promoção da saúde e espaços públicos: encontros e desencontros. *In:* FRAGA, A. B.; GOELLNER, S. V.; MAZO, J. Z.; STIGGER, M. P. (org.). **Políticas de lazer e saúde em espaços urbanos.** Porto Alegre: Gênese, 2009.

PIANA, M. C. As políticas sociais no contexto brasileiro: natureza e desenvolvimento. *In:* PIANA, M. C. **A construção do perfil do assistente social no cenário educacional** [online]. São Paulo: Editora UNESP; São Paulo: Cultura Acadêmica, 2009. 233 p. ISBN 978-85-7983-038-9. Disponível em: https://books.scielo.org/id/vwc8g/pdf/piana-9788579830389-02.pdf. Acesso em: 17 jun. 2022.

PINTO, L. M. S. M; EVERTON, A. N; SILVA, D. A. M; ALMEIDA, M; FERREIRA, P; ARAÚJO, L. R. M; DALMAS, L. C; CARVALHO, M. P; LOPES, A. M. O lazer e a intersetorialidade no funcionamento dos núcleos do PELC: fala dos gestores e agentes participantes da 2ª reunião nacional do programa. *In:* PINTO, L. M. S. M; SILVA, D. A. M; RODRIGUES, R. P; BONALUME, C. R; ARAÚJO, L. R. M. (org.). **Brincar, jogar, viver:** lazer e intersetorialidade com o PELC. 2. ed. Brasília, DF: ideal, 2011.

PITANGA, F. J. G. **Epidemiologia da atividade física, do exercício e da saúde.** 3. ed. São Paulo: Phorte, 2010.

POCHMANN, M. Proteção social na periferia do capitalismo "considerações sobre o Brasil". **Revista São Paulo em perspectiva,** [*s. l.*], v. 18, n. 2, p. 3-16, 2004.

PORTAL DA CIDADE DE PORTO VELHO. **Obras de revitalização do Espaço Alternativo de Porto Velho sofrem atrasos.** Publicação em: 17 out. 2023. Disponível em: https://portovelho.portaldacidade.com/noticias/cidade/obras--de-revitalizacao-do-espaco-alternativo-de-porto-velho-sofrem-atrasos-4523. Acesso em 25 mar. 2024.

RECHIA, S. Planejamento dos espaços e dos equipamentos de lazer nas cidades: uma questão de "saúde urbana". *In:* FRAGA, A. B.; GOELLNER, S. V.; MAZO, J. Z.; STIGGER, M. P. (org.). **Políticas de lazer e saúde em espaços urbanos.** Porto Alegre: Gênese, 2009.

RECHIA, S; FRANÇA, R. O estado do Paraná e seus espaços e equipamentos de esporte e lazer: apropriação, desapropriação ou reapropriação. *In:* MEZZADRI, F. M; CAVICHIOLLI, F. R; SOUZA, D. L. (org.). **Esporte e Lazer:** subsídios para o desenvolvimento e a gestão de Políticas Públicas. Jundiaí, SP: Fontoura, 2006.

RONDONIAOVIVO. Em março: Governo anuncia que obras no Espaço Alternativo serão entregues em 2024. **Rondoniaovivo.com,** 18 nov. 2023. Disponível em: https://rondoniaovivo.com/noticia/politica/2023/11/18/em-marco-governo-anuncia-que-obras-no-espaco-alternativo-serao-entregues-em-2024.html. Acesso em: 25 mar. 2024.

RONDÔNIA, GOVERNO DO ESTADO. **Cedels.** Disponível em: https://rondonia.ro.gov.br/secel/institucional/equipamentos/esportivos/cedels/. Acesso em 25 mar. 2024.

RONDÔNIA, Governo do Estado. **Decreto n.º 22.077 de 29 de junho de 2017.** Disponível em: http://conedel.ro.gov.br/Uploads/Arquivos/PDF/D22077_regulamenta%20o%20funder .pdf. Acesso em: 30 jan. 2022.

RONDÔNIA, Diário Oficial do Estado. **Lei complementar n.º 733: DIOF, 10 de outubro de 2013.** Disponível em: https://rondonia.ro.gov.br/wp-content/uploads/2014/03/DOE-10_10_2013.pdf. Acesso em: 20 jan. 2022.

RONDÔNIAGORA. **Parque Jardim das Mangueiras, o Skate Park, recebe projeto de revitalização.** Publicação em: 10 jan. 2022. Disponível em: https://www.rondoniagora.com/geral/parque-jardim-das-mangueiras-o-skate-park-recebe-projeto-de-revitalizacao Acesso em: 25 mar. 2024.

SACHS, I. Primeiras Intervenções. *In:* NASCIMENTO, E. P; VIANA, J. N. (org.). **Dilemas do desenvolvimento sustentável no Brasil.** Rio de Janeiro: Garamond, 2009.

SABINO, Carlos. **Revitalização do Parque Jardim das Mangueiras segue em ritmo acelerado.** Superintendência Municipal de Comunicação (SMC). Publicação em: 07 jul. 2021. Disponível em: https://www.portovelho.ro.gov.br/artigo/31630/skate-park-revitalizacao-do-parque-jardim-das-mangueiras-segue--em-ritmo-acelerad. Acesso em: 25 mar. 2024.

SABINO, Carlos. **Porto Velho - Parque Jardim das Mangueiras recebe projeto de revitalização.** Gente de Opinião. Publicada em 10 jan. 2022. Disponível em: https://www.gentedeopiniao.com.br/municipios/porto-velho-parque-jardim-das-mangueiras-recebe-projeto-de-revitalizacao. Acesso em: 25 mar. 2024.

SEMA, Secretaria Municipal de Meio Ambiente e Desenvolvimento Sustentável. **Parque Dr. José Adelino de Moura /Parque Circuito.** Publicação em: 18 Fev. 2022. Disponível em: https://sema.portovelho.ro.gov.br//artigo/33968/parque--dr-jose-adelino-de-moura-parque-circuito Acesso em 25 mar. 2024.

SICOLI, J. L; NASCIMENTO, P. R. Promoção de saúde: concepções, princípios e operacionalização. **Revista Interface – Comunic.** Saúde, Educ. [*s. l.*], v. 7, n. 12, p. 101-22, fev. 2003. Disponível em: https://www.scielo.br/j/icse/a/9DHVfVMbDV9WcdVtwPGMwHw/abstract/?lang=pt. Acesso em: 25 mar. 2024.

SILVA, A. C; ZOREK, B; ELICKER, E; SOUZA, F. T. R; CABRAL, J. F; SILVA, J. C; EVANGELISTA, L. A; FIRME, L. C; SILVA, M. P. Diagnóstico do acesso ao esporte e lazer da população do Estado por meio das políticas públicas. *In:* SOARES, A. *et al.* **Diagnóstico do esporte e lazer na região norte brasileira**: o existente e o necessário. Amazonas: UFA,2011.

SILVA, M. M. V. A. Capitalismo e políticas sociais: o dilema da autonomia dos cidadãos e a da defesa da universalidade dos direitos sociais. *In:* PASTORINI, A; ALVES, A. M; GALIZIA, S. V. (org.). **Estado e cidadania:** reflexões sobre as Políticas Públicas no Brasil contemporâneo. Rio de Janeiro: FGV, 2012.

SOUZA D, L. Atividade física e saúde: apontamentos para o desenvolvimento de políticas públicas. *In:* MEZZADRI, F. M; CAVICHIOLLI, F. R; SOUZA, D. L. (org.). **Esporte e Lazer:** subsídios para o desenvolvimento e a gestão de Políticas Públicas. Jundiaí, SP: Fontoura, 2006.

SOUZA, C. Políticas públicas: uma revisão de literatura. **Sociologias**, Porto Alegre: ano 8, n, 16, jul./dez., p. 20-45, 2006.

TEIXEIRA, E. C. Políticas públicas – o papel das políticas públicas. **AATR-BA**, 2002. Disponível em: http://www.dhnet.org.br/dados/cursos/aatr2/a_pdf/03_aatr_pp_papel.pdf. Acesso em: 24 mar. 2024.

THOMAS, J. R; NELSON, J.; SILVERMAN, S. J. **Métodos de pesquisa em atividade física**. 5. ed. Porto Alegre: Artmed, 2007.

TUBINO, M. J. G. **O esporte no Brasil, do período colonial aos nossos dias**. São Paulo: IBRASA, 1996. 139p.

TUBINO, C. Futebol de joga na alma – Um novo caminho para o esporte social. *In:* ROSA, A. M. (org.). **Esporte e Sociedade:** ações socioculturais para a cidadania. São Paulo: IMK, 2004. p. 63-89.

TUDO RONDÔNIA. **Obra do Jardim das Mangueiras é retomada pela Prefeitura de Porto Velho**. Publicada: 27 maio 2019. Disponível em: https://tudorondonia.com/noticias/obra-do-jardim-das-mangueiras-e-retomada-pela--prefeitura-de-porto-velho,31341.shtml Acesso em: 25 mar. 2024.

UNESCO – ORGANIZAÇÃO DAS NAÇÕES UNIDAS PARA EDUCAÇÃO. **Carta Internacional de Educação Física e Esporte**, 1978. Disponível em: http://unesdoc.unesco.org/images/0021/002164/216489por.pdf. Acesso em: 26 dez. 2014.

ULLRICH, O. Tecnologia. *In:* SACHS, W. (org.). **Dicionário de Desenvolvimento Regional:** guia para o conhecimento como poder. Petrópolis: Editora Vozes, 2000.

VEIGA, J. E. **Desenvolvimento sustentável:** o desafio do século XXI. Rio de Janeiro: Garamond, 2010.

VEIGA, J. E. **Meio ambiente & desenvolvimento.** São Paulo: Editora SENAC, 2006.

VILARTA, R. **Qualidade de vida e políticas públicas:** saúde, lazer e atividade física. Campinas, SP: IPES Editorial, 2004.

ZAMAI, C. A; MORAES, M. A. A; BANKOFF, A. D. P; MENDES, R. T. Atividade Física na promoção da saúde e qualidade de vida: contribuições do programa mexa-se Unicamp. *In:* GUTIERREZ, G. L; VILARTA, R; MENDES, R. T. (org.). **Políticas Públicas, Qualidade de Vida e Atividade Física.** 1. ed. Campinas: IPES, 2011.

ZINGONI, P. Lazer como fator de desenvolvimento regional: a função social e econômica do lazer na atual realidade brasileira. *In:* MULLER, A; COSTA, L. P. (org.). **Lazer e desenvolvimento regional.** Santa Cruz do Sul: EDUNISC, 2002.